Coleção Dramaturgia

MATÉI
VISNIEC

Biblioteca teatral

Impresso no Brasil, outubro de 2012

Título original: *Petit Boulot pour Vieux Clown* suivi de *L'Histoire des ours Pandas Racontée par un Saxophoniste qui a une Petite Amie a Francfort*
Copyright © Actes Sud, 1998

Os direitos desta edição pertencem a
É Realizações Editora, Livraria e Distribuidora Ltda.
Caixa Postal: 45321 · 04010 970 · São Paulo SP
Telefax: (5511) 5572 5363
e@erealizacoes.com.br · www.erealizacoes.com.br

Editor
Edson Manoel de Oliveira Filho

Gerente editorial
Gabriela Trevisan

Preparação de texto
Marcio Honorio de Godoy

Revisão
Danielle Mendes Sales e Liliana Cruz

Capa e projeto gráfico
Mauricio Nisi Gonçalves / Estúdio É

Pré-impressão e impressão
Gráfica Vida & Consciência

Reservados todos os direitos desta obra. Proibida toda e qualquer reprodução desta edição por qualquer meio ou forma, seja ela eletrônica ou mecânica, fotocópia, gravação ou qualquer outro meio de reprodução, sem permissão expressa do editor.

A História DOS URSOS PANDAS

Contada por um Saxofonista que Tem uma Namorada em Frankfurt

seguida de

Um Trabalhinho *para Velhos* Palhaços

MATÉI Visniec

TRADUÇÃO: PEDRO SETTE-CÂMARA

A História
DOS URSOS
PANDAS

Contada por um Saxofonista que
Tem uma Namorada em Frankfurt

AS PERSONAGENS

ELE

ELA

/// DE MANHÃ ///

Um quarto bagunçado. É possível distinguir dois corpos debaixo de um cobertor. O homem começa a se mexer. Está com dificuldade para acordar. Alguma coisa o inquieta. Ele sente um perfume estranho, desconhecido. Abre os olhos, mas tem dificuldade em mantê-los abertos. Fecha os olhos e espera. Ouve uma respiração que não é a sua. Abre os olhos, estende a mão e toca suavemente no outro corpo deitado a seu lado. Estupefação.

Ele fecha os olhos para tentar voltar a dormir. Não consegue voltar a dormir. Reabre os olhos. Retira delicadamente o cobertor e olha o outro corpo: é uma mulher.

Ela desperta calmamente. Abre os olhos. Os dois se olham longamente. Ela sorri para ele. Ele dá um sorriso para ela.

ELE: Quem é você?

ELA: Eu?

(*Pausa.*)

ELE: A gente se conhece?

ELA: Não exatamente.

ELE: Essa aqui é a sua casa?

ELA: Não, essa casa é sua.

ELE: Você está de brincadeira?

(*Pausa.*)

ELA: Claro que não. Nós estamos na sua casa.

ELE: Impossível.

ELA: Eu, hein... De qualquer jeito, você tinha a chave.

ELE: E o que é que a gente está fazendo aqui?

ELA: Não sei.

ELE: Nós fizemos amor?

ELA: Você tem um ferro de passar?

ELE: O quê?

ELA: Perguntei se você tem um ferro de passar.

ELE: Ela está me perguntando se eu tenho um ferro de passar. Mas é o cúmulo! Eu devo estar sonhando.

(*Ele esconde a cabeça embaixo do cobertor. Depois, uma pausa.*)

ELE: Será que eu estou sonhando ou estou acordado?

ELA: Você está sonhando.

ELE (*tentando levantar um pouco a cabeça*)**:** Que merda!

ELA: Que é que foi?

ELE: Minha cabeça... Será que eu ainda estou vivo?

ELA: Olhando para você, não parece.

ELE: Você tem razão. Então nós fizemos amor?

ELA: Você não se lembra de nada?

ELE: Lembro sim... (*Ele estende uma das mãos e tateia no chão.*) Para dizer a verdade, a única coisa de que me lembro é que eu coloquei meus cigarros em algum lugar por aqui. (*Ele acha o maço, tira dele o último cigarro e o acende.*) Quer um trago?

ELA: Não, eu tenho que ir. Que horas são?

ELE: Qual o seu nome?

ELA (*olhando em volta*)**:** Cadê meu despertador?

ELE (*com um gesto mecânico, põe a mão no chão e tateia*)**:** Eu não tenho despertador.

ELA: Não falei *seu* despertador, falei *meu* despertador! O meu despertador, o meu. Coloquei ele pra tocar. Cadê?

ELE: Espera ele tocar que a gente encontra.

ELA: Já devia ter tocado.

ELE: Mas me explica, como é isso? Você leva o despertador junto com você, não importa onde você vai dormir?

ELA: Sim. E quero meu despertador.

ELE (*após ter tateado mais um pouco em busca do despertador*): Escuta, o seu despertador deve estar é do seu lado.

ELA: Não está.

ELE: Então... Sei lá.

(*Pausa.*)

ELA: Me dá um cigarro.

ELE (*oferecendo seu cigarro*): É o último.

(*Eles fumam um pouco, passando o cigarro um ao outro.*)

ELA: Você tem um ferro de passar?

ELE: Escuta, você vai pensar mal de mim se eu fizer uma pergunta idiota?

ELA: Pergunte então.

ELE: Onde foi que a gente se encontrou?

ELA: Então você não se lembra de nada?

ELE: Tudo que eu lembro é que em algum momento alguém abriu uma garrafa de Puligny-Montrachet 1945. E logo depois... Breu total.

ELA: Já está melhorando. Se você lembra que o vinho era um Puligny-Montrachet 1945, então...

ELE: Sim, e ainda tenho o sabor dele no palato.

ELA: E isso sempre te acontece, guardar na boca o gosto do vinho que você bebeu no dia anterior e esquecer como foi que você seduziu a mulher com quem dormiu depois?

ELE: Então nós fizemos amor!

ELA: Fique tranquilo, queridinho, a gente não fez nada.

ELE: Foi você que tirou a minha roupa?

ELA: Eu não, você estava nu.

(*Pausa. Ele parece sinceramente perturbado.*)

ELE: E como foi que eu fiz?

ELA: Para me seduzir? Não foi você. Foi o saxofone.

ELE: Mesmo?!

ELA: Sim. Você toca saxofone muito bem.

ELE: Você acha?

ELA: Sim.

ELE: Mas eu não estava com o meu saxofone.

ELA: Alguém tinha um saxofone e te emprestou.

ELE: Hum.

ELA: E depois você me falou de Baudelaire.

ELE: Baudelaire, eu? Essa é melhor ainda.

ELA: Você recitou para mim quase a metade de Baudelaire.

ELE: Cacete, mas eu não conheço nada de Baudelaire!

ELA: Você está enganado. Você conhece mais do que imagina. E a mágica funciona quando você está bêbado, e quando recita Baudelaire.

ELE: Verdade?

ELA: Você é a prova viva. Será que eu estaria aqui se não fosse por isso?

(*Pausa.*)

ELE: E isso aconteceu onde?

ELA: O quê?

ELE: Tocar saxofone, recitar Baudelaire e... tudo isso?

ELA: Na casa do Kiki.

ELE: Kiki? Quem é Kiki?

ELA: Acho que é um dos seus amigos.

ELE: Um dos meus amigos...

ELA: É um grande conhecedor de vinhos.

ELE: Meu amigo, que é grande conhecedor de vinhos...

ELA: Que acaba de inaugurar uma boate...

ELE: Kiki... (*Ele tenta se lembrar.*) Kiki, grande conhecedor de vinhos que acaba de inaugurar uma boate...

ELA: Aliás, muito simpático.

ELE: Bem, se você está dizendo que ele tem uma boate... Espero que você ainda se lembre do endereço. É lá que você trabalha?

ELA: Não, só fui na festa, na abertura.

ELE: Da boate...

ELA: Que se chama "Atmos".

ELE: E como foi que eu cheguei lá?

ELA: Disso eu não faço a menor ideia.

ELE: Isso foi perto de que horas?

ELA: Que você chegou? Perto das duas da manhã.

ELE: Ah, é? E de onde é que eu estava vindo?

ELA: Olha só, eu não tenho como saber tudo.

ELE: Ah, é.

ELA: Ah, é o quê?

ELE: Nada. Eu só estou me acostumando com o breu. E tudo isso que você está dizendo faz o breu ficar ainda mais forte e mais profundo.

ELA: Você está precisando dormir mais.

ELE: E tinha muita gente lá?

ELA: Sim. Um bando de malucos.

ELE: Quem?

ELA: Eu não conhecia aquelas pessoas. Eu também tinha ido parar lá pela primeira vez.

ELE: E, depois de tocar saxofone, eu vim diretamente para a sua casa e recitei Baudelaire para você?

ELA: Não, antes você vomitou no meu vestido.

ELE: Isso você está inventando. Eu não faço essas coisas...

ELA: Não faz mesmo. Estou brincando.

ELE: Obrigado. Uma brincadeira logo de manhã, adoro isso.

ELA: Bem, mas eu tenho de ir embora agora. Onde é que está o seu ferro de passar?

ELE: Espera um pouco, a gente pode tomar um café juntos. Um tempinho pra gente se conhecer, que tal?

ELA: Para quê?

ELE: Mas pelo amor de Deus, a gente passou a noite juntos.

ELA: Fecha o olho!

ELE: Por quê?

ELA: Eu vou no banheiro.

ELE: Então vai!

ELA: Anda, fecha o olho!

ELE: Então, se estou entendendo direito, você também está nua.

ELA: Estou.

ELE: Então isso quer dizer que nós fizemos amor!

ELA (*dando-lhe tapinhas delicados na bochecha*): Isso não quer dizer nada, querido. Absolutamente nada.

ELE: Fizemos ou não fizemos?

ELA: Você é engraçado. Fazer ou não fazer, essa não é a questão.

ELE: Escuta, eu tenho o direito de saber se fizemos amor ou não. Você está na minha cama, completamente nua, eu estou nu, eu tenho sim o direito de…

ELA: Vai, fecha o olho.

ELE: E tem mais, eu adoro as mulheres pudicas. A pudicícia… O pudor… Isso me deixa muito excitado. Fizemos, não foi?

ELA (*cobrindo-lhe os olhos*): Fique assim, tudo bem? Não olhe, não se mexa, não fale. Tudo bem?

(*Ela vai ao banheiro.*)

(*De olhos fechados, ele vasculha as garrafas de cerveja vazias espalhadas em volta da cama.*)

ELE: Esse Kiki acabou dando pra gente uma garrafa de vinho, não foi? Ou estou enganado? A gente estava com uma garrafa quando chegou aqui, ela ainda deve estar cheia... Ou estou enganado? Cadê ela, minha garrafa?

ELA (*do banheiro*): Está na cozinha.

(*Envolto no cobertor, ele vai até a cozinha. Ouvimos ele cair. Logo depois, ele sai com uma garrafa de vinho numa mão e com um despertador na outra. Ele fica do lado da porta do banheiro e bebe um gole.*)

ELE: Como é que você se chama?

ELA: Solange.

ELE: À noite você me disse outro nome...

ELA: Christine.

ELE: Não.

ELA: Mathilde.

ELE: Também não.

(*Pausa.*)

ELA: Annie.

ELE: Chega.

ELA: Corinne. Nathalie. Yvonne. Bernard...

ELE: Escuta... Annie, Nathalie, Yvonne.

ELA: Que foi?

ELE: Você tem mesmo que ir embora?

ELA: Tenho.

(*Pausa.*)

ELA (*entreabre a porta do banheiro e estende a mão*)**:** Me empresta seu ferro de passar, por favor...

ELE: Tudo bem, Solange... Tudo bem, Mathilde... Tudo bem... (*Ele procura o ferro de passar e o entrega a ela.*) Você não está com fome? Tem um monte de comida na cozinha.

ELA: Não, estou sem fome.

ELE: Ainda temos três ovos, um pedaço de queijo... Cinco biscoitos... Olha que fartura, podemos preparar um banquete...

ELA: Eu preciso ir...

ELE: Um iogurte dietético...

(*Ela sai do banheiro usando um maravilhoso vestido de noite. Toda sua aparência mudou, ela está elegante de um modo simples e refinado.*)

ELA: Não, obrigado. Eu preciso ir embora. (*Ele olha para ela, embasbacado.*) Meu despertador! Estava onde?

(*Ele quer dizer alguma coisa, mas está sem voz.*)

ELA (*olhando o despertador*): Que estranho. Ele não tocou. E olha que eu ajustei... É a primeira vez que isso me acontece.

ELE (*balbuciando*): Você... Você... Você não se chama Solange.

ELA: Eu me chamo como você quiser, que tal?

ELE: Não, eu não vou deixar você ir embora assim.

ELA: Mas eu preciso mesmo ir. Já estou atrasada demais.

ELE: Sábado é meu aniversário...

ELA: E daí? Você não está querendo que eu fique aqui até sábado...

ELE: Espera. Eu vou me vestir e te levo. Aonde você vai?

ELA: Não, escuta. Agora você precisa descansar. Tudo bem? Você não dormiu o bastante. E depois, quando você estiver melhor, você tem de ir até a boate do Kiki pegar seu carro. Ok? Seu carro, que você deixou em algum lugar numa rua e não conseguiu achar hoje cedo. Entendeu? Depois a gente vê. Tudo bem, meu docinho? Vai lá, descansa. Tchau.

ELE: Não, tudo bem nada! De jeito nenhum. Toquei saxofone para você, recitei Baudelaire, vomitei no seu vestido... Eu quero seu número de telefone.

ELA (*ela lhe mostra a bochecha*): Vai, me dá um beijo e depois você se deita... Tudo bem?

ELE: Tudo bem nada! Você dormiu na minha casa, tirou a minha roupa, te emprestei meu ferro de passar, quero saber seu nome verdadeiro!

ELA: Pra quê?

ELE: Porque... Porque... Que droga, porque quero te conhecer, pronto!

ELA: Mas já falei, é só você escolher um nome pra mim.

(*Ela abre a porta. Ele volta para a cama e entra de novo embaixo do cobertor.*)

ELE (*desconcertado*)**:** Isso não é justo! Não é! Não mesmo! Não! Não! Não! Recitei Baudelaire... Eu... Enfim... Ah, merda, fiquei doido, agora preciso me esconder em algum lugar... Tenho que desaparecer por um tempo... Mas isso não é justo, não é mesmo! Eu recitei Baudelaire pra você... Você poderia ficar mais um pouco... Isso não é justo, você não é justa.

(*Ela vai para perto dele.*)

ELA: Você acha mesmo que eu sou injusta?

ELE: Sim! Mil vezes sim!

ELA: De quantas noites você precisa para me conhecer?

ELE (*debaixo do cobertor*)**:** De mais uma.

ELA: Mais uma, tudo bem.

ELE: Não. Mais duas.

ELA: Duas. Tudo bem.

ELE: Não! Uma semana! Sete noites!

ELA: Sete noites é demais. Você está muito guloso.

ELE: Oito!

ELA: Oito? Mas isso é quase uma vida inteira!

ELE: Nove! Por favor, nove!

ELA: Nove, tudo bem, concedido! Mas depois você não vai me pedir mais nada.

ELE: Não.

ELA: Palavra de honra?

ELE: Sim, nove noites e depois... Nada mais.

ELA: Então negócio fechado. Eu vou vir aqui nove noites. (*Ela deixa o despertador em cima da cama.*) Tudo bem, nove noites, mas só! Está certo? E você vai tocar saxofone pra mim!

ELE (*dando-lhe uma chave*): Olha, pega.

ELA: Por quê?

ELE: Vou ficar feliz de saber que você pode entrar a qualquer hora.

ELA: E você, como é que você vai sair?

ELE: Eu não vou sair. Vou ficar te esperando.

Ela sai.

/// NO ESCURO ///

ELE: "Às vezes, por prazer, os homens de equipagem...
Pegam um albatroz...
Pegam um albatroz, enorme ave marinha,
Que...

Que segue...
Que segue..."

Ah, merda!

"Que segue...
Que segue, companheiro indolente...
... indolente de viagem...

Que segue, companheiro indolente de viagem...
Que segue, companheiro indolente de viagem..."[1]

(*Toca o telefone. Ele não atende. A secretária eletrônica começa a funcionar. Outra voz.*)

MENSAGEM NA SECRETÁRIA: Oi, é o Christian... Você está aí? Bem, escuta só, você tem de me telefonar com urgência, porque tenho um negócio a te propor! Até!

/// A PRIMEIRA NOITE ///

Noite. Ela acende uma lâmpada.

ELA: Sou eu.

---

[1] Poema "O Albatroz", de Charles Baudelaire, na tradução de Guilherme de Almeida. (N. T.)

ELE (*pulando da cama*): Quê?

ELA (*acendendo outra lâmpada*): Sou eu.

ELE: Ah... Como foi que você entrou?

ELA (*tirando os sapatos*): Você esqueceu que me deu a chave?

ELE: Era a chave da adega.

ELA (*tirando o casaco e pendurando-o no cabide; rindo*): Por que você fez isso?

ELE: Não sei. Também quis fazer a minha brincadeirinha. Me perdoe.

ELA (*tirando o chapéu e deixando o cabelo cair*): Te perdoo. Você é um idiota, mas eu te perdoo.

ELE: Como você conseguiu entrar?

ELA (*indo à cozinha pegar uma maçã*): A porta estava aberta.

ELE: Estava mesmo?

ELA (*sentando-se na cadeira de balanço e comendo a maçã*): De verdade. Olha, eu trouxe a correspondência pra você.

ELE: Você sabe mesmo abrir as portas. (*Olhando a correspondência.*) Já leu tudo?

ELA: Já. Nada de interessante. Só contas.

ELE: Pois é, estou na pior.

ELA: Você não saiu hoje?

ELE: Não, fiquei te esperando.

ELA: Que mentiroso. Você ficou dormindo que nem uma pedra.

ELE: Não, fiquei te esperando. Porque percebi que esse cara, esse tal de Kiki, não existe.

ELA: Ah, é? O Kiki não existe?

ELE: Eu liguei pra todos os meus amigos. Ninguém abriu boate nenhuma ontem.

ELA: Mentira, você não ligou pra ninguém.

ELE: Como é que você sabe?

ELA: Porque eu sei abrir todas as portas.

(*Pausa.*)

ELE: Eu não acreditava que você fosse voltar.

ELA: Te dei minha palavra.

ELE: À meia-noite, toquei saxofone pra você.

ELA: E eu escutei.

ELE: Você não é a nova vizinha que mora aqui embaixo?

ELA: Não, eu moro é *aqui*.

ELE: Por nove noites, mora mesmo.

ELA: Isso pode ser nove vezes uma vida.

(*Pausa.*)

ELE: Sabe, eu gosto de fazer esses pactos com você.

ELA: Não te incomoda saber que você vai perder tudo?

ELE: E eu estou triste mesmo com esse negócio da chave. Eu tinha certeza de que você estava só fazendo gênero.

ELA: E aí você quis se vingar.

ELE: Mas juro que me arrependi imediatamente. *Pausa.* Será que eu posso te dar um beijo?

ELA: Não, primeiro você precisa tomar uma ducha.

ELE: O quê?

ELA: Você está fedendo loucamente. E vamos também abrir essas janelas e dar uma arrumada nessa bagunça. Eu não vou dormir nove noites com você no meio dessa zona.

ELE (*correndo para o banheiro*)**:** Às ordens!

ELA: E você também precisa se barbear. Pega isso aqui. Hoje de manhã eu reparei que a sua loção tinha acabado.

ELE: E como é que você reparou nisso?

ELA: Eu tenho alergia a garrafas vazias.

ELE: Nesse caso, é importante evitar a cozinha. Tem um monte de garrafas vazias lá.

ELA: Não se preocupe. Eu fiz as compras.

(*Ele entra no banheiro. Ela entra na cozinha.*)

(*Ouve-se a água correndo no banheiro, e o som de uma faxina completa na cozinha.*)

(*Toca o telefone. A secretária eletrônica começa a funcionar.*)

MENSAGEM NA SECRETÁRIA: Boa noite, Michel, aqui é a Elisabeth. Você está aí? Atende aí, vai... Você está em casa? Ou não está? Você está em casa? Ou não está? Vai atender? Não, não vai. Bom, aqui era a Elisabeth. Tchau.

(*Ela sai da cozinha, arruma um pouco as coisas no cômodo e abre a janela. Logo depois, ela põe a mesa, acende duas velas, etc.*)

(*Ela fica indo e voltando da cozinha várias vezes.*)

(*Quando ele sai do banheiro, a mesa está pronta.*)

ELE: Ah, que maravilha! Já tem anos que eu não acendo velas.

ELA: Você não escuta as mensagens na secretária?

ELE: Não aguento essas mensagens. Queria que me deixassem em paz um pouco.

ELA: Você não comeu nada hoje.

ELE: Não senti fome.

ELA (*beijando-o*): Você me esperou de verdade?

ELE: Sim.

ELA: Vem, senta. Pode abrir o vinho se quiser.

ELE: O que é isso? Um Puligny-Montrachet 1945! Meu Deus, isso deve ter custado uma fortuna!

ELA: Fizemos um acordo, essa é nossa primeira noite, vamos celebrar.

ELE: Puligny-Montrachet 1945. Isso me lembra de alguma coisa.

ELA: O quê?

ELE: Isso me lembra... Que estranho, eu tenho a impressão de que isso me lembra de alguma coisa... Mas... Não sei o quê.

ELA: O senhor faria a gentileza de sentar-se? Por favor? (*Ele se senta. Ela coloca um pouco de vinho em sua taça.*) O senhor faria a gentileza de provar o vinho? Por favor?

ELE (*após ficar com o vinho na boca por um bom tempo*): Sim... Agora está ficando claro... Esse perfume me lembra alguma coisa... Você me dá licença? (*Ele enche as duas taças.*) Prove, senhora! É impossível que esse buquê não lhe faça lembrar de nada...

(*Batidas na porta.*)

ELA (*achando isso divertido*): Você está esperando alguém?

ELE: Eu?

VOZ ATRÁS DA PORTA: Senhor Pailhole...

ELA (*em voz baixa*): Quem é?

ELE: Eles são todos malucos.

ELA: Mas...

ELE: São todos um bando de pentelhos! (*Em voz alta.*) Vocês são todos um bando de pentelhos!

VOZ ATRÁS DA PORTA: Senhor Pailhole...

ELA (*em voz baixa*): Abre a porta pra ele! Veja lá o que ele quer.

ELE (*em voz baixa*): Ssshhhhh! Não tenho nenhuma vontade de saber o que ele quer.

ELA (*em voz baixa*): Você quer que eu vá abrir a porta?

(*Mais duas batidas.*)

ELE (*em voz baixa*): Vem, a gente tem que sair dessa!

ELA: Como é?

ELE: Vamos logo, vamos logo! Se a gente ficar aqui, eles vão nos pegar. Eles são todos malucos, todos eles! (*Tirando a roupa dela febrilmente.*) Rápido, rápido... (*Apagando as luzes.*) Anda logo, anda logo... A gente tem que ir embora daqui, rápido...

ELA (*achando isso divertido*): O seu nome é Pailhole?

ELE (*em voz alta*): Não tem ninguém aqui, ouviu bem! Que merda, não tem ninguém nesse apartamento, você não está vendo? Bando de pentelhos! (*Em voz baixa.*) Fala pra eles que eles são um bando de pentelhos!

ELA (*em voz alta*): Bando de pentelhos!

(*Ele a leva para a cama. Mais duas batidas.*)

VOZ ATRÁS DA PORTA: Senhor Pailhole...

ELE (*em voz alta*): Não tem ninguém aqui! Ninguém! (*Em voz baixa.*) Fala pra eles. Fala pra eles que não tem ninguém em lugar nenhum!

ELA (*em voz alta*): A gente não está aqui!

ELE: Fala pra eles que a gente não está em lugar nenhum.

ELA (*escondendo-se, junto com ele, embaixo do cobertor, enquanto ele apaga o abajur da cômoda*): Não estamos em lugar nenhum! Seus porcos!

(*Trevas.*)

ELE: Muito bem! (*Risadas embaixo do cobertor.*) Viu só? Viu só? Escapamos deles por pouco.

ELA: Ah! O que é isso?

ELE: A garrafa. Foi a única coisa que eu consegui trazer.

/// NO ESCURO ///

Delicadamente, por conta própria, ele toca o saxofone. Em alguns momentos distinguem-se os reflexos do instrumento. Ele toca por alguns minutos. Toca o telefone. Ele não atende. A secretária eletrônica começa a funcionar. O homem para de tocar o saxofone para escutar a mensagem.

MENSAGEM NA SECRETÁRIA: Oi, aqui é o Christian... Bem, você não está aí. Escuta, será que você pode tocar em Grenoble nos dias 27 e 28? Daqui a duas semanas... Se você estiver disponível, me telefona, e logo! Isso é superurgente... E depois... Tenho um negócio pra você, espera aí que eu vou pegar minha agenda... Uma semana inteira, no fim de maio... Mas eu te falo... Eu estou sempre em Grenoble, sei que você vai para Lyon no dia 15, mas no dia 15 não vou estar em Lyon, vou estar ainda em Grenoble... Escuta, vou te ligar para saber se você vai querer dormir lá em casa, para te dizer como pegar as chaves e depois para saber quanto tempo você vai ficar em Lyon, se vai dar para a gente se encontrar, que eu vou voltar para passar pelo menos uma noite com você em Lyon e tal... O que é que você acha? Bom, amanhã, amanhã já é quinta, vou ficar em casa a manhã toda, a gente tenta se falar por telefone. Espero que esteja tudo ótimo por aí. Abração. Falou, Michel.

(*Silêncio.*)

/// A SEGUNDA NOITE ///

Penumbra. Talvez eles tenham acabado de fazer amor. Eles estão deitados no chão, um de costas coladas nas costas do outro, com as cabeças apoiadas uma na outra. Ela está comendo passas. Ele está com um cigarro ainda não aceso entre os lábios e com um isqueiro entre os dedos.

ELA: Diga "a".

ELE: "a".

ELA: Mais doce: "a".

ELE: "a".

ELA: Em voz baixa: "a".

ELE: "a".

ELA: Quero um "a" suave: "a".

ELE: "a".

ELA: Em voz alta, mas suave: "a".

ELE: "a".

ELA: Diga "a" como se você estivesse dizendo que me ama.

ELE: "a".

ELA: Diga "a" como se você estivesse dizendo que nunca vai me esquecer.

ELE: "a".

ELA: Diga "a" como se você estivesse dizendo que eu sou bonita.

ELE: "a"!

ELA: Diga "a" como se você estivesse dizendo que é um imbecil.

ELE: "a".

ELA: Diga "a" como se você estivesse dizendo que me deseja.

ELE: "a".

ELA: Diga "a" como se você estivesse dizendo: "Para!".

ELE: "a".

ELA: Diga "a" como se você estivesse dizendo: "Tira a roupa!".

ELE: "a"!

ELA: Diga "a" como se você estivesse me perguntando por que é que eu estou atrasada.

ELE: "a".

ELA: Diga "a" pra me dizer bom dia.

ELE: "a".

ELA: Diga "a" pra me dizer tchau.

ELE: "a".

ELA: Diga "a" pra me perguntar se eu trouxe alguma coisa para você.

ELE: "a"?

ELA: Diga "a" pra me dizer que você está feliz.

ELE: "a".

ELA: Diga "a" pra me dizer que você não quer me ver nunca mais.

ELE: "a"!

ELA: Não, não é assim...

ELE: "a"!

ELA: Olha, se você não vai obedecer, vou parar de brincar...

ELE: "a"...

ELA: Muito bem. Agora diga "a" como se você estivesse me dizendo que dormiu muito mal sem mim, que sonhou apenas comigo e que de manhã acordou absolutamente exausto e sem nenhuma vontade de viver.

ELE: "a"...

ELA: Hum. Diga "a" pra me dizer que você tem alguma coisa muito importante pra me dizer.

ELE: "a"...

ELA: Diga "a" pra me dizer para parar de mandar você dizer "a".

ELE: "a"!

ELA: Diga "a" pra dizer que é maravilhoso só falar dizendo "a".

ELE: "a".

ELA: Me manda dizer "a".

ELE: "a".

ELA: Me manda dizer um "a" suave.

ELE: "a".

ELA: Me manda dizer um "a" suave e em voz baixa.

ELE: "a".

ELA: Me pergunta se eu te amo tanto quanto você me ama.

ELE: "a..."?

ELA: Me diz que eu te deixo louco.

ELE: "a"!

ELA: E que você já teve o bastante!

ELE: "a"!

ELA: Bem... Será que eu quero um café?

ELE: "a"?

ELA: Quero sim, com certeza.

(*Ele se levanta e lhe serve café.*)

ELE: "a"?

ELA: Só um pouquinho, obrigado.

ELE (*oferecendo-lhe seu maço de cigarros*): "a"?

ELA: Não, eu tenho o meu.

(*Ela pega seu maço de cigarros e tira um.*)

ELE (*oferecendo-lhe seu isqueiro*): "a"?

ELA: Não, agora não.

ELE: "a"?

ELA: Não sei... Mas acho que eu prefiro que a gente coma em casa mesmo.

ELE: "a".

ELA: Sim, mas tem molho?

ELE: "a".

ELA: Então vamos sair.

ELE: "a"!

ELA: Então vamos ficar.

ELE: "a"...

ELA: Vem aqui...

ELE: "a"...

ELA: Olha bem nos meus olhos.

ELE: "a".

ELA: Diga "a" na sua cabeça.

ELE: ...

ELA: Mais suave...

ELE: ...

ELA: Mais forte. E mais claro, para que eu consiga captar.

ELE: ...

ELA: Agora diga "a" na sua cabeça como se você estivesse dizendo que me ama...

ELE: ...

ELA: De novo.

ELE: ...

ELA: Diga "a" na sua cabeça como se você estivesse dizendo que nunca vai me esquecer...

ELE: ...

ELA: Diga "a" na sua cabeça como se você estivesse dizendo que eu sou bonita.

ELE: ...

ELA: E agora vou te pedir uma coisa... Uma coisa muito importante... E você vai me responder na sua cabeça. Está pronto?

ELE: ...

ELA: "a"?

ELE: ...

ELA: ...

ELE: ...

/// NO ESCURO ///

Toca o telefone. Ele não atende.
A secretária eletrônica começa a funcionar.

MENSAGEM NA SECRETÁRIA: Michel, boa noite, aqui é o Jean-Marc de novo, bom, então, sobre o que você vai mandar para a carta-contrato de autor, preciso de um extrato bancário seu. É isso. Se você precisar de alguma informação, pode ligar para a Yolande ou para a minha casa hoje à noite. Até.

(*Silêncio.*)

/// A TERCEIRA NOITE ///

Ela está sentada à mesa. Ele sai da cozinha trazendo um prato.

ELE: Eis! O nome disso é *tochinel*.

ELA (*examinando o negócio*)**:** E isso é de comer?

ELE: Mas é claro que é de comer.

ELA: É uma comida judaica?

ELE: Não. Na verdade, é polonesa. Minha mãe fazia pra mim quando eu era criança. Pega. Você tem que colocar o creme.

ELA: É doce?

ELE: Não, é um prato, pode até ser o prato principal.

ELA: Mmm.

ELE: Está gostando?

ELA: Isso é feito de batata?

ELE: É.

ELA: Mmmm. É bom. Como é que se faz?

ELE: Isso eu não posso dizer.

ELA: Por quê?

ELE: A receita é segredo de família.

ELA: Então não vou mais comer.

ELE: Tudo bem, vou te dar... Primeiro você descasca as batatas e depois você rala.

ELA: Igual às cenouras?

ELE: Isso, igual às cenouras... Aí você acrescenta os ovos, um pouco de farinha de trigo, sal, os temperos... Você bate tudo até ficar consistente... Derrama numa frigideira bem quente... Como se fosse fazer uma omelete... Pronto, é isso... Minha mãe fazia pra mim quando eu era pequeno... Já tem talvez uns trinta anos que não como isso... Sabe, quando eu era criança eu era bem guloso... Tinha fome o tempo todo... Meu pai não parava de me dizer que minha cabeça era muito grande e o meu pescoço era muito fino... Mas eu acho que não... Será que eu tenho a cabeça grande demais e o pescoço muito fino? Bom, eu acho que não... É uma loucura como os anos passam... Meu pai levantava todo dia às seis da manhã... Você consegue imaginar isso, acordar todos os dias, durante 35 anos, às seis da manhã? E pior, ele trabalhava num ambiente tóxico... Era uma empresa de móveis, ou algo assim... Todos os dias os empregados ganhavam, de graça, uma garrafa de leite para se desintoxicarem um pouco... Mas meu pai todo dia levava sua garrafa de leite para casa... Acho que a gente era bem pobre nessa época... Enfim... Lembro que um dia apostei com um primo meu que eu ia beber de uma vez só uma garrafa inteira... Eu devia ter uns sete ou oito anos... E bebi... Mas depois passei a detestar leite... Só gostava de café com leite... Mas nunca muito... É uma loucura como o tempo passa... Também tinha um jardim lá em casa... Tinha nele uma macieira, que meu pai plantou no dia em que eu nasci... Meu pai era assim... Ele plantava uma árvore toda vez que minha mãe tinha um filho... Quando eu nasci, já tinha no jardim um damasqueiro, uma ameixeira, uma cerejeira e uma nogueira. O damasqueiro era minha irmã que era a mais velha, a Brigitte. A ameixeira era meu irmão Jean, a cerejeira e a nogueira eram minhas irmãs gêmeas, Marie-Jeanne e Marie-Claire. Meu pai era mesmo uma figura... Aliás, ninguém entendia por que ele escolhia aquela árvore para aquele filho... Eu mesmo sempre achei que a nogueira não combinava com a Marie-Claire... Mas, enfim... Meu pai era bem teimoso, nunca renunciava às suas ideias... E, depois que eu nasci, continuaram a aparecer árvores no jardim: uma pereira, um pinheiro e um troço exótico, tipo um ébano, que crescia devagar, devagar à beça... O ébano era para a minha irmã Karine, que virou bailarina... Enfim... Há alguns anos fui ver minha mãe e revi o jardim. Estava intacto, todas as árvores estavam dando flor, e minha mãe, quando me viu, deu a impressão de ter ficado muito surpresa, como se tivesse sido a macieira que tivesse entrado na sala... Aliás, eu acho que minha mãe não tinha necessidade mesmo de ver a gente, que a gente não fazia muita falta pra ela, porque, pra ela, a gente estava sempre ali, naquele jardim... Sempre no jardim... E ela tinha mesmo o hábito de passar muito tempo na varanda, olhando as árvores, olhando a gente... Esperando que cada um desse seus frutos... Que... Enfim... Tenho que ligar pra ela um dia desses... Agora é época de maçã e minha mãe... Estou sentindo que ela está me mastigando... O mais louco é que o velho tinha até uma lógica para escolher as *nossas* árvores... Como se ele soubesse que um dia minha mãe fosse ficar sozinha... Mas, pelo menos, ela tem frutos o ano inteiro... Tudo começa logo na primavera, com as cerejas... E continua com as ameixas... os damascos... Depois vem a época das peras e, no fim do outono, as maçãs e as nozes... No inverno, o pinheiro continua verde, e ela pode olhar pra ele...

ELA: E o ébano?

ELE: O ébano... Ele cresce tão devagar que a gente tem a impressão de que ele é uma criança que fica rondando a casa... É muito louco, veja você... Ela come *a gente* às escondidas, para compensar a nossa ausência... Bom. Acabei de ter um acesso de verborragia, não foi? Você devia ter me interrompido...

ELA: É bom esse seu *tochinel*.

(*Escuro.*)

/// A QUARTA NOITE ///

Ela traz uma gaiola coberta por uma capa preta.

ELA: Feliz aniversário! Eu trouxe um presente.

ELE: O quê?

ELA: Um bicho.

ELE: Um pássaro?

ELA: Na verdade, não sei exatamente que forma ele tem.

ELE: Não estou entendendo.

ELA: A forma... Ou melhor: o corpo dele. Ele não tem corpo.

ELE: Ele é invisível?

ELA: Ele não é invisível, mas a gente não enxerga ele.

ELE: Então como você sabe que ele está na gaiola?

ELA: Quando a gaiola está coberta, ele se mexe.

ELE: É mesmo?

ELA: É, sim. Ele só se mexe no escuro. Escuta.

(*Os dois escutam.*)

ELE: O que é que ele está fazendo?

ELA: Ninguém sabe. Talvez ele esteja comendo. Talvez ele esteja passeando. Talvez ele esteja sonhando. Talvez ele esteja cantando.

ELE: Será que agora ele está cantando?

ELA: De qualquer jeito, ele está sempre dizendo alguma coisa. Mas a gente nunca sabe o que ele está dizendo.

ELE (*escutando*)**:** Será que isso foi um pio?

ELA: Não sei.

ELE: E o que você quer que eu faça com ele?

ELA: Ele é decorativo.

ELE: Decorativo?

ELA: É para a casa. Mas é sobretudo para o quarto de dormir. Porque ele não gosta nem um pouco de ficar sozinho.

ELE: Escuta, não gosto de ter um bicho que não dê para ver.

ELA: Mas você pode ver ele.

ELE: Como é que eu vou ver o bicho se ele é invisível?

ELA: Mas você enxerga a *presença dele*. Isso basta. Ou, se você quiser ficar convencido de vez de que ele está na gaiola, pode dar comida para ele. Você tira a capa, coloca a comida numa tigelinha própria, depois você cobre a gaiola e espera um pouco. Ele sempre come rápido, e come tudinho. Aí, assim que ele tiver terminado de comer, você levanta a capa e olha a tigela vazia. É como se você estivesse enxergando ele.

ELE (*perplexo*)**:** E eu olho a tigela vazia.

ELA: E é como se você enxergasse ele.

ELE: Isso, claro...

(*Pausa.*)

ELA: E então?

ELE: Entao o quê?

ELA: Então você aceita?

ELE: O que é que ele gosta de comer?

ELA: Sementes de damasco, salsa... Até bolinhas de pão quente... Mas olha que ele come um bocado... Você tem que dar comida a cada quatro horas.

ELE: Ah, não vai dar, tem dias em que eu não estou em casa.

ELA: Como assim? Enfim, você não precisa vir a cada quatro horas. Agora, é preciso prestar atenção, porque às vezes ele tem filhotes.

ELE: Ah! E ele faz os filhotes sozinho? Ele põe os filhotes ou como é que é?

ELA: Ninguém sabe. Acho que é por causa da luz. Cada vez que levantamos a capa da gaiola, ele é fecundado pela luz.

ELE: Então é fêmea.

ELA: Talvez. Mas acho que essa espécie só tem fêmeas.

ELE: Bem, e o que eu faço com os filhotes, se eles aparecerem?

ELA: Primeiro você pode fazer carinho neles. Os recém-nascidos se deixam acariciar durante os dois ou três primeiros minutos de vida…

ELE: E como é que eu dou de comer a eles?

ELA: Aí temos um pequeno problema.

ELE: Dou de comer a cada quatro horas?

ELA: Não, você tem que separar logo os filhotes da mãe. Isso é absolutamente obrigatório, porque os filhotes dessa espécie morrem imediatamente se não são separados imediatamente da mãe. Para isso, você precisa ter sempre uma pequena gaiola pronta por perto. E assim que você vir uma pequena centelha se iluminar numa gaiola, são os filhotes que querem ir para a gaiola deles. Aí você abre a gaiola grande e diz três vezes: "piu, piu, piu". Assim o filhote passa da gaiola grande para a pequena.

ELE: Mas são muito inteligentes essas criaturas.

ELA: São mesmo, elas têm uma memória incrível. Se você contar para eles uma história, todos os filhotes que nascem depois são capazes de repeti-la palavra por palavra. Em certos momentos, você pode falar com eles.

ELE: Quando?

ELA: Durante os eclipses.

/// A QUINTA NOITE ///

Ele está se barbeando diante de um espelhinho
que colocou em cima da mesa da sala.
Ela passa uma camisa dele.
A impressão é de que ela o está arrumando
para uma noite de gala.
O armário está aberto, talvez porque ela tenha escolhido
a roupa, os sapatos, a gravata, etc. que vemos dispostos
sobre as cadeiras.

ELE: Já devem ser quase oito da noite.

ELA: Será?

ELE: Meu vizinho de cima... Está ouvindo? Ele acabou de chegar.

ELA: Não estou ouvindo nada.

(*Pausa.*)

ELE: Ele sempre chega perto das oito da noite. Agora ele está tirando os sapatos.

ELA: Você está é doido. Como é que você sabe?

ELE: Eu não sei. Há alguns dias, minha audição se desenvolveu monstruosamente. Escuto todos os ruídos da casa. Olha só, ele está acendendo as quatro luzes da sala.

ELA: Para com isso.

ELE: Mas é verdade... Eu escuto os passos, as vozes, as respirações... Até os insetos dentro das paredes... Ainda mais quando está escuro... Já tem algum tempo que todos os sons dessa casa passam pelo meu cérebro... (*Ele inclina o espelho para que ele reflita o teto.*) Até quando fazem silêncio escuto que eles estão fazendo silêncio...

ELA: Ele mora sozinho?

ELE: Mora. Ele está no apartamento há três meses. Você está ouvindo ele atravessar a sala?

ELA: Não.

ELE: Ele está colocando a correspondência na mesa da cozinha.

ELA (*aproximando-se e olhando o espelho*): Ele está abrindo a geladeira...

ELE: E pegando uma garrafa de leite.

ELA: Você tem certeza de que é leite?

ELE: Escuta só como ele bebe. Isso só pode ser leite.

ELA: Você tem razão.

(*Pausa.*)

ELA: Ele está colocando a garrafa de leite dentro da geladeira e fechando a geladeira.

ELE: Bravo!

ELA: Ele está voltando para a sala.

ELE: E agora?

ELA: Está ouvindo a secretária eletrônica.

ELE: Perfeito.

ELA: Ele ligou a TV. Começou a zapear.

ELE: Parou no seu canal de merda.

ELA: O que ele está vendo?

ELE: Um desenho animado.

ELA: Que idade você acha que ele tem?

ELE: Uns trinta anos.

ELA: Ele está voltando para a cozinha.

ELE: Ele está pegando um bife congelado.

ELA: Ele está colocando o bife na frigideira. Ele está colocando a frigideira no fogão elétrico. Ele está colocando o fogo no máximo. Ele está abrindo uma lata de milho.

ELE: Tem certeza de que é milho?

ELA: Absoluta.

ELE: Olha, você aprende rápido.

ELA: Droga! O que é isso?

ELE: Isso está vindo do térreo. É um garoto que adora joguinhos eletrônicos.

ELA: Estou ouvindo alguém à esquerda que está escutando música sinfônica com fones de ouvido.

ELE: É o senhor Moricerti.

ELA: É Vivaldi? O que é?

ELE: Não, é Alessandro Marcello.

ELA: Espera. Alguém abriu a porta lá embaixo.

ELE: Deve ser a senhorita Vergne. Ela sempre chega às oito e quinze.

ELA: Ela está subindo pela escada.

ELE: Sim, ela mora no primeiro andar.

ELA: Ela parece exausta.

ELE: É, ela mora no primeiro andar.

ELA: Ela está tirando as luvas. Ela está procurando as chaves na bolsa.

ELE: Ela sempre demora entre quarenta segundos e um minuto e trinta para encontrá-las.

ELA: Mas como é tímida essa moça!

ELE: Sempre achei que ela devia encontrar o cara aí de cima. É uma loucura que eles nunca tenham tido a oportunidade de se encontrar. Ele sai às sete e meia da manhã. Ela, às sete e quarenta e cinco. No domingo, ela vai de manhã ao mercado, enquanto ele fica dormindo a manhã inteira. Quando ela sai para ir à piscina, ele vai cozinhar. E mesmo quando eles saem para passear ou para fazer pequenas compras, eles nunca se encontram por bem pouco, por um minuto ou dois.

ELA: Ela está tirando os sapatos. Ela está tirando o casaco. Ela está colocando o casaco no cabide.

ELE: Agora ela vai ouvir a secretária eletrônica.

ELA: É mesmo, ela está ouvindo.

ELE: É sempre a mãe dela, pedindo para ela telefonar. Agora ela vai até a cozinha.

ELA: Ela está indo.

ELE: Ela vai pegar uma maçã.

ELA: Me parece que dessa vez é uma pera.

ELE (*resignado*)**:** Enfim... Ela vai ligar a TV.

ELA: Tenho a impressão de que ela está vendo o mesmo canal daí de cima.

ELE: São dois malucos. É uma pena que eles não assistam às mesmas porcarias juntos.

ELA: Talvez a gente deva fazer alguma coisa.

ELE: O quê?

(*Ele se barbeia, ela segura o espelho para ele.*)

/// A SEXTA NOITE ///

Ele entra.
Acende as duas lâmpadas do salão.
Coloca a correspondência na mesa.
Vai até a cozinha e abre a geladeira.
Volta com uma garrafa de cerveja.
Bebe.
Aperta "play" e escuta a secretária eletrônica.

ELA (*sua voz na secretária*): Onde é que você foi? Eu passei aí agora há pouco, e você não estava. Você está querendo fugir de mim, é? Você prometeu ficar esperando em casa. Será que você tinha ido pegar a correspondência? Espero que você não tenha aberto nada ainda. Coloca ela de volta na caixa, viu? Mas tome cuidado, ninguém pode te ver. Agora, eu lamento muito, mas não posso ir hoje à noite. Amanhã a gente se vê com certeza. Hoje de manhã eu deixei as minhas luvas em algum lugar... Eu acho que deixei em cima do travesseiro... Você viu? Pode deixar elas ali, que eu gosto de pensar em você dormindo com a cabeça em cima dos meus dedos. Bem, tenha juízo e faça um esforço para deitar cedo essa noite. E sobretudo não escute essa mensagem pela *segunda* vez. Tudo bem? Promete? Diz pra mim que você promete. Mais alto, que estou ouvindo a sua voz...

ELE: Prometo...

ELA (*sua voz na secretária*): Mais alto! Não estou ouvindo nada. Mais alto, por favor...

ELE: Prometo, prometo, prometo...

ELA (*sua voz na secretária*): Obrigado... Eu confio em você... Um beijo grande... Até amanhã. E vê se não esquece de ir colocar a correspondência de volta na caixa do correio. Certo? Eu estou aí, com você, agora mesmo. Tudo bem? Então, até amanhã.

(*Fim da mensagem.*)

(*Um longo silêncio.*)

(*Ele aperta o botão de "Rewind", depois o "Play", e escuta a mensagem de novo.*)

(*Enquanto ouve a mensagem, ele vai até a cozinha e abre uma lata de cenouras.*)

(*Come.*)

ELA (*sua voz na secretária*): Onde é que você foi? Eu passei aí agora há pouco, e você não estava. Você está querendo fugir de mim, é? Você prometeu ficar esperando em casa. Será que você tinha ido pegar a correspondência? Espero que você não tenha aberto nada ainda. Coloca ela de volta na caixa, viu? Mas tome cuidado, ninguém pode te ver. Agora, eu lamento muito, mas não posso ir hoje à noite. Amanhã a gente se vê com certeza. Hoje de manhã eu deixei as minhas luvas em algum lugar... Eu acho que deixei em cima do travesseiro... Você viu? Pode deixar elas ali, que eu gosto de pensar em você dormindo com a cabeça em cima dos meus dedos. Bem, tenha juízo e faça um esforço para deitar cedo essa noite. E sobretudo não escute essa mensagem pela *terceira* vez. Por que você não me obedece? Tem coisas que você precisa entender sozinho! Eu não posso ficar explicando tudo. Bem, prometa que você não vai me trair mais. Promete? Diz pra mim que você promete. Mais alto, que estou ouvindo a sua voz...

ELE: Prometo...

ELA (*sua voz na secretária*): Mais alto! Não estou ouvindo nada.

ELE: Prometo, prometo sim...

ELA (*sua voz na secretária*): Obrigado... Confio em você... Até amanhã. E vê se não esquece de ir colocar a correspondência de volta na caixa do correio. Certo? Estou aí, com você, agora mesmo. Tudo bem? Até amanhã.

(*Fim da mensagem.*)

(*Ele põe a cerveja no copo e bebe.*)

(*Ele aperta "Rewind" e depois "Play". Escuta a mensagem pela terceira vez.*)

ELA (*sua voz na secretária*): Onde é que você foi? Você está querendo fugir de mim, é? Você prometeu ficar esperando em casa. Espero que ninguém tenha visto você sair, nem você entrar. Sobre hoje à noite, lamento muito, não posso ir. Não, isso não é porque você não respeitou as suas promessas. Eu te perdoo por isso. E amanhã a gente vai se ver com certeza. Tudo bem? Agora tenha juízo e faça um esforço para deitar cedo. E tem também uma coisinha. Esquece essa sua investigação. Você nunca vai encontrar nem a boate do Kiki, nem nada... Esquece isso, tudo bem? Obrigado... Confio em você... Um beijo bem grande... Até amanhã. E não esqueça, eu estou aí, com você, agora mesmo. Afinal, essa noite é nossa sexta noite. Até amanhã.

(*Fim da mensagem.*)

ELE: Não!

(*Ele aperta o "Rewind" e depois o "Play".*)

Não! Não! Não! Você está me roubando uma noite. Tudo bem coisa nenhuma!

ELA (*sua voz na secretária*): Mas claro que essa noite é nossa sexta noite. Eu estou ou não estou com você agora? Essa noite vai ser muito bonita, você vai ver. Você as minhas luvas aí com você, em cima do travesseiro... E as outras cinco noites estão sempre aí com você... Bom, agora você tem que apagar as luzes e aprender a escutar o silêncio... Você vai se esticar na cama... Vai fechar os olhos... E vai ficar só escutando o silêncio... E não vai tocar nessa máquina... Vamos escutar o silêncio juntos, tudo bem? Você tem que imaginar que o silêncio é o silêncio da minha voz... Que eu sou *o silêncio*... Entendeu? Fique assim, não se mexa... Sou eu *esse silêncio* que te acaricia... Fique calmo, eu estou com você... Escute...

A fita na secretária eletrônica fica tocando. Ele escuta o silêncio gravado na fita da secretária.

/// A SÉTIMA NOITE ///

Ela entra.
Ela tira os sapatos.
Ela acende as duas lâmpadas da sala.
Ela tira o casaco e o coloca no cabide.
Ela tira o chapéu e deixa cair os cabelos.
Ela vai até a cozinha pegar uma maçã.
Ela se senta na cadeira de balanço e come a maçã.
A sala está cheia de pequenas gaiolas cobertas por capas.

ELA: Anda, sai daí.

(*Silêncio.*)

Anda, deixa de palhaçada, sai.

(*Silêncio.*)

Mas você está zangado mesmo, hein?

(*Silêncio.*)

Você comeu?

(*Silêncio.*)

Se você quiser, eu preparo alguma coisa.

(*Silêncio.*)

Quer um espaguete?

(*Silêncio. Ela vê o que tem na geladeira.*)

Ainda tem três ovos, um pedaço de queijo... Olha que fartura...

(*Silêncio.*)

Escuta, estou com fome. Vamos fazer um *tochinel*?

(*Silêncio.*)

Ah, fala alguma coisa, você está exagerando... Não te fiz nada.

ELE (*invisível, somente sua voz, que vem de toda parte*): Fez, sim.

ELA: Não fiz.

ELE (*invisível*): Fez, sim.

ELA: E se a gente fizesse as pazes?

ELE (*invisível*): Não.

ELA: Eu vou fazer comida pra você. E vou lavar a louça também.

ELE (*invisível*): Não.

ELA: Eu trouxe uma garrafa de vinho. Do vinho que você gosta.

ELE (*invisível*): Não estou nem aí. Eu só bebo leite.

ELA: O que é que são essas gaiolas todas?

ELE (*invisível*): Não é da sua conta.

ELA: Você não quer me dar um beijo?

ELE (*invisível*): Pra quê?

ELA: Vem, eu quero que você me dê um beijo.

ELE (*invisível*): Espera. Primeiro eu tenho que dar comida aos passarinhos.

(*Ela abre a garrafa e enche duas taças.*)

ELA (*bebe*): Esse vinho é mesmo magnífico. Você fez bem de esquecer tudo, menos o buquê dele.

ELE (*invisível*): Me passa aquela gaiola ali, por favor.

ELA: Essa?

ELE (*invisível*): A grande. Obrigado. Ai!

ELA: O que foi?

ELE (*invisível*): Nada.

ELA: Eles te morderam?

ELE (*invisível*): O quê? (*Um lampejo numa gaiola.*) Vocês, parem, pelo amor de Deus, parem!

ELA: Mas o que é que você está fazendo aí?

ELE (*invisível*): Eles são loucos, completamente loucos! Eles mal chegam ao mundo e logo saem fazendo filhotes. E depois ficam imaginando que eu sou pai deles!

ELA: Mas é claro que você é pai deles! Você não percebeu que é você que está fazendo eles se reproduzirem?

ELE (*invisível*): Mas eu não estou nem encostando neles!

ELA: Ah, não?

ELE (*invisível*)**:** Mas é claro que não! Eles estão ficando incrivelmente perversos. Eles cruzam com o meu cheiro, com a minha sombra, com meu hálito, com os batimentos do meu coração. Se eu falar alguma coisa, eles vão copular com as minhas palavras... Se eu me olhar no espelho, eles cruzam com a minha imagem... Nunca vi uma avidez assim pela vida! O que é que se pode fazer? Daqui a dois ou três dias, onde é que vou colocar eles? Você pode me passar, por favor, essa outra gaiola vazia que está perto de você?

ELA: Qual? A pequena?

ELE (*invisível*)**:** Essa. E tem mais dentro do armário. Será que você pode abrir o armário, por favor?

(*Ela abre o armário e diversas gaiolas caem no chão. Lampejos em todas as gaiolas, como fogos de artifício.*)

ELA: Vamos, chega. Deixa eles esperarem um pouco e sai daí.

ELE (*invisível*)**:** Mas, pelo amor de Deus, de onde é que você quer que eu saia? Eu não estou em lugar nenhum. Pra dizer a verdade, nem eu sei onde é que eu estou. Você pode me dar pelo menos uma ideia de qual é o lugar de onde estou falando?

ELA: Posso.

ELE (*invisível*)**:** De onde?

ELA: De toda parte.

ELE (*invisível*)**:** Então eu estou por toda parte.

ELA: Você vai morrer de fome aí.

ELE (*invisível*): Eu não posso morrer de fome porque *um alimento* não pode morrer de fome.

ELA: Eles já te comeram, então?

ELE (*invisível, suspirando*): É, parece que sim.

ELA: Tem certeza?

ELE (*invisível*): Tenho. Estou achando que eles me comeram antes que eu tivesse percebido.

ELA: E foi muito ruim?

ELE (*invisível*): Pelo contrário, eu gostei. Só que agora estou flutuando no vácuo pela sala inteira. Estou vendo que isso deixa eles todos excitados, porque eles continuam se multiplicando à toda velocidade. (*Desesperado.*) Fora! Fora! Fora!

(*Uma nova série de lampejos nas gaiolas.*)

ELA: O que é que eles querem agora?

ELE: Eles acabaram de fazer amor com o negócio que eu pensei.

ELA: Então para de pensar, meu Deus! Eles vão invadir o bairro inteiro!

ELE: Você não pode vir aqui também ficar comigo? Eu queria muito que eles fizessem amor com os mesmos instantes em que nós fazemos amor.

(*Uma série de lampejos. Sombras que se entrelaçam.*)

/// A OITAVA NOITE ///

ELE: Eu quero casar com você.

ELA: Tudo bem.

ELE: Espero que você não seja casada.

ELA: Não.

ELE: Ótimo.

(*Pausa curta.*)

ELE: E então?

ELA: E então o quê?

ELE: Você quer ser a minha esposa?

ELA: Mas espero que você não seja casado.

ELE: Não.

ELA: Ótimo.

(*Pausa curta.*)

ELE: E então?

ELA: Então o quê?

ELE: Vamos nos casar?

ELA: Vamos.

ELE: Quero que a gente faça isso logo.

ELA: Tudo bem.

(*Pausa curta.*)

ELE: Agora.

ELA: Agora?

ELE: Agora.

ELA: Hoje?

ELE: Hoje não, agora.

ELA: Agora?

ELE: É.

ELA: Tudo bem.

(*Pausa curta.*)

ELE: E então?

ELA: Então o quê?

ELE: Vamos?

ELA: Vamos.

ELE: Ótimo.

(*Pausa curta.*)

ELE: A gente precisa de uma testemunha.

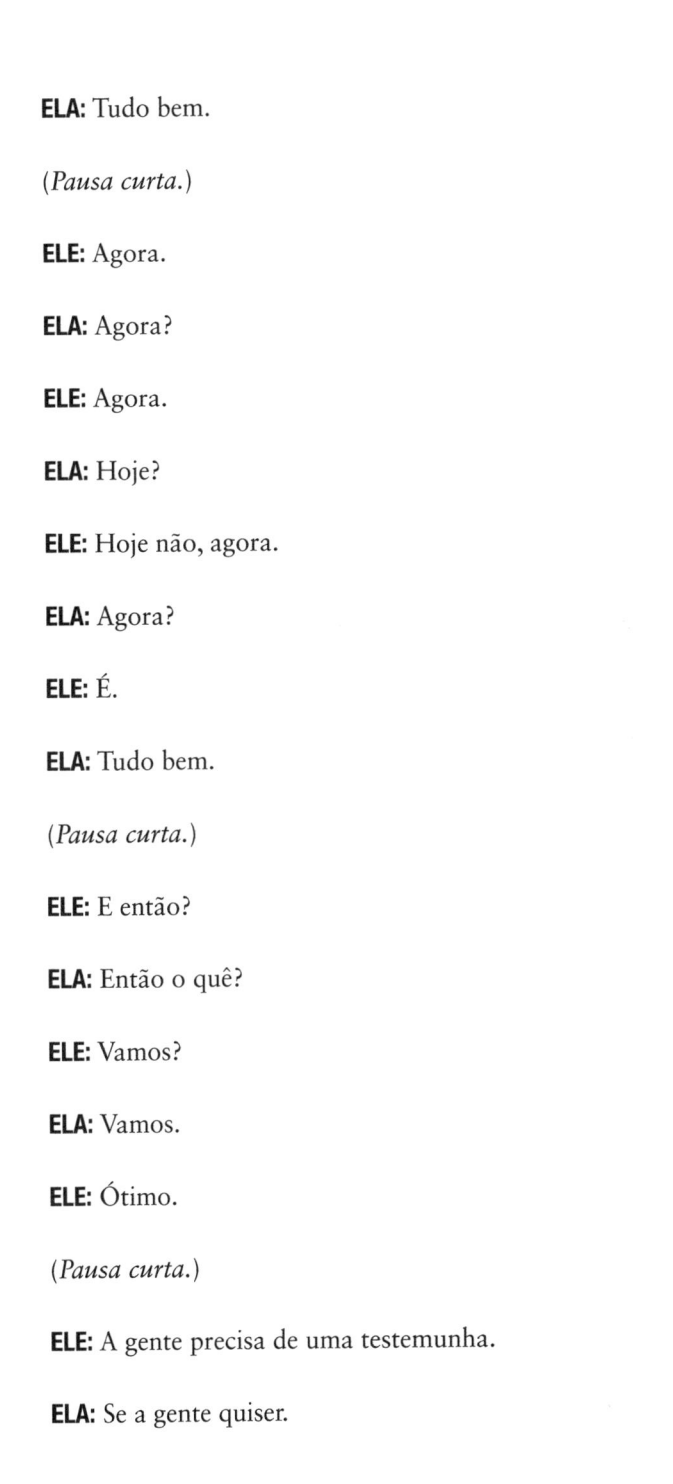

ELA: Se a gente quiser.

ELE: Você tem razão. A gente não precisa de testemunha.

ELA: Não.

ELE: Excelente.

(*Pausa.*)

ELE: A gente não precisa de ninguém.

ELA: Não.

ELE: Excelente.

ELA: Mas mesmo assim a gente precisa de um pouquinho de cerimônia.

ELE: Se você quiser, a gente pode subir no telhado.

ELA: Quero.

(*Ele abre o alçapão do teto e eles sobem no telhado.*)

ELE: Você está pronta?

ELA: Estou.

ELE: Tem certeza?

ELA: Tenho.

ELE: Vou perguntar pela última vez: tem certeza?

ELA: Tenho.

ELE: Então eu nos declaro marido e mulher.

ELA: Sim.

(*Toca o telefone. Uma vez, duas vezes, três vezes, quatro vezes, cinco vezes, seis vezes, sete vezes, oito vezes.*)

(*Para de tocar.*)

/// A NONA NOITE ///

ELA: Você está sonhando?

ELE: Estou sonhando que você está falando comigo.

ELA: Você consegue me ouvir?

ELE: Estou sonhando que estou te ouvindo.

ELA: Você está com medo?

ELE: Estou.

ELA: Medo de quê?

ELE: Estou com medo de que alguém apareça e acorde a gente.

ELA: Eu estou com você no seu sonho?

ELE: Está.

ELA: Você consegue tocar em mim?

ELE: Eu não preciso tocar em você porque a gente está sonhando o mesmo sonho.

ELA: Você pode me contar?

ELE: Ele ainda está confuso. Mas parece que a gente está se separando suavemente de nós mesmos.

ELA: Dos nossos corpos?

ELE: Sim, estamos abandonando eles suavemente.

ELA: Você consegue ver os nossos corpos?

ELE: Consigo. Eles estão dormindo abraçados. Estão se sentindo bem.

ELA: Agora me escute bem. A gente ainda precisa dos nossos corpos?

ELE: Parece que não.

ELA: E os nossos corpos? Eles estão lamentando a nossa partida?

ELE: Parece que não.

ELA: Você consegue sentir como a gente está se distanciando do nosso presente?

ELE: Consigo.

ELA: Da nossa memória?

ELE: Consigo.

ELA: Dos nossos cinco sentidos? Eles estão ficando atrás da gente, como um pentágono desenhado no asfalto.

ELE: Consigo.

ELA: E isso te faz sofrer?

ELE: Não, isso me deixa extremamente leve.

ELA: Agora nossos corpos abraçados estão muito longe. Cada vez mais longe. Você ainda consegue enxergar eles?

ELE: Como se eles fossem duas pequeninas conchinhas.

ELA: Nós viramos duas vozes, simplesmente duas vozes voando.

ELE: Mais que isso.

ELA: Mais que isso?

ELE: Na verdade, dois bateres de asas em voo.

ELA: Dois bateres de asas brancas em voo.

ELE: Dois bateres de asas brancas em voo, isso.

ELA: Estamos em pleno voo acima de nós mesmos, não é?

ELE: Mais que isso.

ELA: Mais que isso?

ELE: Não sei. A gente está planando acima de tudo aquilo de que a gente não precisa mais.

ELA: A gente está planando acima do mundo?

ELE: Acima de tudo.

ELA: Talvez tenhamos nos tornado inseparáveis. Inseparáveis, enfim...

ELE: Acho que isso vai acontecer.

ELA: Você está me ouvindo como se eu fosse a sua própria audição?

ELE: Sim.

ELA: Você está me vendo como se eu fosse a sua própria visão?

ELE: Sim.

ELA: Você não consegue mais me tocar, porque não é possível tocar no próprio toque.

ELE: Isso mesmo.

ELA: Te deixa triste não ter mais forma?

ELE: Não, estou me aproximando da perfeição.

ELA: Você consegue ver alguma outra coisa ao seu redor?

ELE: Sim, eu sou como uma pálpebra que envolve o visível.

ELA: E no centro de tudo, o que é que você está vendo no centro de tudo?

ELE: A gente.

ELA: E o que você está ouvindo?

ELE: Uma música. A música de uma queda na própria queda.

ELA: Isso aí não é bom. Você ainda está com medo de mim.

ELE: Talvez.

ELA: Você tem que parar de me responder.

ELE: Mas eu conheço todas as respostas…

ELA: Você ainda está com medo do silêncio?

ELE: Não, porque o silêncio não existe mais.

ELA: E nós dois podemos ficar falando assim, infinitamente?

ELE: Podemos. Até porque, se a gente parar de falar, eu tenho medo de que a gente perca o equilíbrio e caia.

ELA: Você ainda se lembra do lugar de onde a gente saiu?

ELE: Não.

ELA: Você lembra da minha última pergunta?

ELE: Não.

ELA: Você ainda está ouvindo a queda?

ELE: Não.

ELA: Quanto tempo se passou entre a sua resposta e minha última pergunta?

ELE: Eu te respondi antes que você tivesse perguntado.

ELA: Você está vendo como é simples?

ELE: Nunca imaginei que fosse tão simples.

ELA: Bom, agora se decida. Vamos passar para o outro lado ou não?

ELE: Vamos.

ELA: Tem certeza?

ELE: Tenho.

ELA: Vou perguntar pela última vez: tem certeza?

ELE: Tenho.

ELA: Qual era o bicho de que você mais gostava quando era pequeno?

ELE: Dos ursos pandas.

ELA: Me diz o nome de uma cidade em que você gostaria de morar.

ELE: Frankfurt. Lá tem um jardim zoológico muito bonito.

ELA: Está bem. Então na sua próxima vida você vai ser um urso panda.

ELE: E você?

ELA: Eu vou te visitar em Frankfurt.

(*Trevas.*)

/// DE MANHÃ ///

A sala está vazia, na penumbra.
As vozes vêm de fora da sala.

PRIMEIRA VOZ: É aqui.

VOZ DO DELEGADO: E o senhor tem certeza de que...

PRIMEIRA VOZ: O senhor não está sentindo esse cheiro? Acho que esse cheiro não é normal.

(*Batidas na porta.*)

VOZ DO DELEGADO: Senhor Pailhole...

PRIMEIRA VOZ: É inútil. Faz pelo menos dez dias que ele não responde.

VOZ DO DELEGADO: Mas o senhor tem certeza de que ele está aí dentro?

PRIMEIRA VOZ: Eu já temo o pior... (*Dirigindo-se a alguém que entreabre uma porta.*) Senhora Falabrègues! A senhora pode vir aqui rapidamente?

VOZ DA SENHORA FALABRÈGUES: Bom dia...

PRIMEIRA VOZ: Este é o delegado...

VOZ DO DELEGADO: Delegado Poulain. A senhora é a proprietária?

VOZ DA SENHORA FALABRÈGUES: Sou, sim.

VOZ DO DELEGADO: E a senhora não possui uma chave reserva?

VOZ DA SENHORA FALABRÈGUES: Eu tinha... Mas... Como o senhor Pailhole estava sempre perdendo as chaves, eu dava a ele as minhas chaves reservas e...

UMA QUARTA VOZ: Bom dia...

OS OUTROS: Bom dia...

QUARTA VOZ: E então? Posso começar?

SEGUNDA VOZ: Espera. Ainda precisamos de uma testemunha.

PRIMEIRA VOZ: Senhorita Vergne! Senhorita Vergne, a senhorita pode subir um instante?

VOZ DA MOÇA: Bom dia...

PRIMEIRA VOZ (*sobe um andar e bate numa porta*): Senhor Aubert... O senhor pode descer um instante?

VOZ DO RAPAZ: Bom dia...

PRIMEIRA VOZ: O senhor Aubert mora no terceiro andar, logo em cima. Há dez dias que ele não ouve nenhum barulho, só a secretária eletrônica que grava as mensagens.

VOZ DO DELEGADO: Mas o senhor conhece o seu vizinho de baixo?

VOZ DO RAPAZ: Não exatamente. Só estou morando aqui há três meses. E, infelizmente, nunca nos esbarramos.

VOZ DA MOÇA: Às vezes eu ouvia ele tocar saxofone...

VOZ DO RAPAZ: Eu também.

VOZ DA MOÇA: Mas já faz umas duas semanas que não escuto mais.

VOZ DO RAPAZ: Nem eu.

QUARTA VOZ: E então? Posso começar?

VOZ DO DELEGADO: Sim... Senhorita... Senhora... Senhores... Vamos proceder à desmontagem da fechadura...

VOZ DA SENHORA FALABRÈGUES: Ai, meu Deus! Mas com cuidado, por favor...

(*A fechadura é desmontada do lado de fora. Ouve-se o ranger dos instrumentos e novos comentários.*)

– É verdade que...
– Eu acho que, com esse cheiro...
– Já eu sempre falei que...
– O quê?
– Senhor Moricerti... Senhor Moricerti...
– A gente talvez devesse ter telefonado primeiro para o...
– É o senhor delegado...
– Ah, tudo bem...
– Mamãe, venha rápido...

(*A fechadura está desmontada. O chaveiro tenta empurrar a porta.*)

– Hum... Ela está presa em algum lugar...

(*Pressão mais forte contra a porta, que se entreabre. Ao abrir-se, a porta bate numa cadeira.*)

(*Uma cesta que estava em cima da cadeira cai no chão, e dezenas de maçãs se espalham pela sala.*)

(*Ninguém entra na sala.*)

(*A sala continua vazia, subitamente iluminada pelos raios de luz que irromperam no momento em que a porta abriu.*)

(*Um cheiro forte de maçã toma a sala de espetáculos, e ouve-se, ao longe, em algum lugar, um saxofone.*)

Peça escrita em residência na Chartreuse de Villeneuve-lez-Avignon.
Grand Prix SACD.

Um Trabalhinho *para Velhos* Palhaços

FILIPPO

NICOLLO

PEPPINO

AS PERSONAGENS

ATO 1

Uma sala de espera no andar de cima. Duas entradas, à direita e à esquerda. Uma grande porta no meio. Cadeiras. Nicollo espera dormindo em uma cadeira, vestido com uma fantasia puída e uma gravata larga, feita com laço. A seu lado, uma mala velha cheíssima. Em cima da mala, um chapéu-coco. Ouvem-se passos à direita. Alguém está subindo. Nicollo acorda e escuta com atenção. Ele se levanta e se ajeita um pouco.
Entra Filippo. A mesma fantasia velha, a mesma gravatona, a mesma mala usada e cheia. Ele parece morto de cansaço e se deixa cair numa cadeira, bufando, e se abana com seu chapéu-coco.
Nicollo, desapontado, volta a sentar-se e cai no sono de novo. Filippo se levanta. Ele se aproxima da porta e escuta atentamente.

FILIPPO: Será que tem alguém aqui?

NICOLLO: Não.

(*Nicollo tira um lenço do bolso e passa no rosto. Filippo bate na porta. Ninguém responde. Ele olha atentamente para Nicollo.*)

FILIPPO: Então você é o primeiro.

NICOLLO: Sou.

FILIPPO: Então eu sou o segundo.

(*Eles se encaram longamente. Filippo anda pela sala de espera.*)

Foi você que fumou aqui?

NICOLLO: Não.

FILIPPO: Tem muita fumaça aqui. (*Pausa.*) Deviam ter aberto uma janela.

(*Ele para. Senta-se numa cadeira. Fica olhando o outro com muita atenção.*)

FILIPPO: Eles ainda não chegaram?

NICOLLO: Não.

FILIPPO: Isso quer dizer que ainda não são seis horas.

NICOLLO: Ainda não.

FILIPPO: Espero que pelo menos às seis eles apareçam.

NICOLLO: Pois é.

(*Eles se olham de novo.*)

FILIPPO: Acho que você veio aqui pela mesma razão que eu.

NICOLLO: Você está falando do anúncio?

FILIPPO: Sim.

NICOLLO: Sim.

(*Pausa. Eles se olham. Nicollo pega novamente seu lenço no bolso e o passa no rosto, fazendo barulho.*)

FILIPPO: Esse lugar está precisando de ar. (*Pausa.*) Mas é estranho não ter janela. Se tivesse janela, a fumaça podia sair.

(*Pausa. Não há resposta. Filippo suspira e se levanta. Nicollo se levanta também. Os dois começam a tremer de emoção.*)

FILIPPO (*com a voz embargada*): Nicollo!

NICOLLO (*idem*): Filippo!

FILIPPO: É você, Nicollo?

NICOLLO (*emocionado*): Filippo! Filippo!

FILIPPO (*abrindo os braços*): Não pode ser! Não pode ser!

NICOLLO (*idem*): Sou eu! Sou eu!

FILIPPO: Meu Deus! Não é possível! Nicollo!

NICOLLO (*com lágrimas nos olhos*): Sou eu mesmo!

(*Os dois velhos caem um nos braços do outro e se beijam. Grande efusividade.*)

FILIPPO: Mas é você mesmo, de verdade?

NICOLLO: Sou eu, juro.

FILIPPO: Mas como? Mas por quê?

NICOLLO: É assim que as coisas são.

FILIPPO: Não pode ser. Mais um pouco e eu nem te reconhecia. Se você não tivesse enxugado o rosto com o lenço, eu nunca teria te reconhecido.

NICOLLO: Ah! Não fala assim que eu choro.

FILIPPO: Quando você pôs o lenço no rosto, eu senti alguma coisa. Bem aqui. (*Ele põe a mão no coração.*) Só podia ser você. Eu falei pra mim mesmo: esse aí é o Nicollo. Falei bem assim: é ele, aquele cretino, só ele pra fazer assim com o lenço. (*Ele o abraça novamente.*) Seu velho sedutor, a vida inteira você pegou num lenço como se fosse um sátiro.

NICOLLO (*sai dos braços de Filippo*): Para com isso, para que assim você vai estragar minha maquiagem.

FILIPPO (*enxugando os lábios*): Mas que merda é essa que você pôs na cara?

NICOLLO: Não é nada.

FILIPPO: São essas porcarias que te dão rugas.

NICOLLO: Onde é que você viu alguma ruga?

FILIPPO: Deixa pra lá... A sua cara está bizarramente acabada, meu velho... Mas o mais importante é que a gente se reencontrou, entendeu? Isso é que é o bom!

NICOLLO (*chorando*): Não estou com a cara acabada.

FILIPPO: A gente se reencontrar... Que loucura, você não acha? Eu acho isso a maior loucura. Mas diz pra mim, em que buraco você foi achar essa roupa ridícula? Como é que você queria que eu te reconhecesse debaixo disso?

NICOLLO (*soluçando*): Mas eu também não te reconheci... Com esse chapéu sujo...

FILIPPO (*evitando a resposta de Nicollo*): Me diz uma coisa, ô, infeliz... O que é que aconteceu com você? Você não parece mesmo estar em forma.

NICOLLO: Nem você... Você engordou que nem um porco... (*Dá uma risada forçada.*) He, he!

FILIPPO (*sério*): Ouvi dizer que você tinha morrido. O que é que houve?

NICOLLO (*furioso*): Eu não morri, olha só, não morri mesmo. Fiquei trabalhando no Fantasio.

FILIPPO: Eu achava que você estava em Perúgia, nalgum asilo pra velhos. Mas eles são malucos! Eles te deixaram ir embora?

NICOLLO: Como assim, Perúgia? Eu nunca pus os pés em Perúgia. Fiquei trabalhando no Fantasio. Já ouviu falar do Fantasio?

FILIPPO: Sente-se, meu caro, sente-se. Você não para de soluçar. Quanto é que você está pesando? O cozinheiro te passou a perna. Todo mundo se dá mal nesses asilos. Bando de trambiqueiros.

NICOLLO (*agitado*): Não quero me sentar. Não é possível que você nunca tenha ouvido falar do Fantasio. Afinal, você já ouviu falar ou não?

FILIPPO: Eu não esperava te encontrar desse jeito. Coitado, olha como você está! Quer comer alguma coisa? Eu tenho uns biscoitos.

NICOLLO: Não quero biscoito. Você já ouviu falar do Fantasio ou não, seu merda?

FILIPPO: Eu posso te dar umas nozes. Você quer nozes? Nicollo, meu amigo, estou te oferecendo tudo o que eu tenho. Você não está cuidando bem de si próprio. Sua língua está cheia de bolhinhas. Deixa eu ver a sua língua.

NICOLLO: Você é que está com um furúnculo no bócio. Como é que alguém pode ficar com um furúnculo tão grande?

FILIPPO: Parece que te cortaram um testículo. Verdade?

NICOLLO: Ah, seu velho safado! Você não mudou mesmo.

FILIPPO: Você ficou chateado porque te roubaram um dos bagos? Mas ficou chateado por quê? Olha, isso não devia te deixar constrangido... Nunca fique constrangido perto de mim, nunca.

NICOLLO (*exausto*): Sua víbora.

FILIPPO: Na verdade eu sabia... Eu sabia que você estava acabado. Eu sabia que você já estava pior do que em frangalhos. Um dia encontrei o Peppino. E foi ele que me falou. Ele disse assim: o Nicollo está pior do que em frangalhos.

NICOLLO: Que Judas!

FILIPPO: Foi o que ele me falou: ele está com a pele toda escura. E é verdade que a sua pele está toda escura. Ele também disse: ele está com bolsas nos olhos, umas bolsas nojentas que parecem escamas. Meu Deus, que escamas são essas nos seus olhos!

NICOLLO: Isso não são escamas. Eu estou com olheiras. São só olheiras.

FILIPPO: É a morte chegando, Nicollo, é a morte. Escuta o que eu estou dizendo. Escuta porque quero o teu bem, é isso que quero... O que é que você está procurando aqui? Olha... No seu lugar, eu dava o fora antes de apresentar meu número.

NICOLLO (*furioso*): Cala a boca, seu porco nojento. Olha só quem fala. Você não está vendo isso que está saindo do seu nariz? Não está vendo os seus dentes podres? Dá uma cheirada em você... Você não está sentindo o seu cheiro?

FILIPPO: Você devia mesmo era sair para comer alguma coisa quente. Estou falando, hein? Come alguma coisa, toma uma cerveja. Toma, é por minha conta. Pega, é pra você. (*Ele lhe oferece dinheiro.*) E toma aquela cerveja.

NICOLLO: Guarda seu dinheiro, seu invejoso. Bufunfa é o que não me falta. Eu não preciso de grana. Não preciso de nada, nadinha.

(*Ele brande um cheque.*)

FILIPPO: De onde você tirou isso?

NICOLLO: Eu trabalho no Fantasio.

FILIPPO (*ainda indiferente ao nome Fantasio*): Virou ladrão agora?

NICOLLO: Que nada, estou trabalhando, estou em plena forma. Não dou falta de nada... Você sabe, eu acordo todo dia às cinco da manhã!

FILIPPO: Toma cuidado, você vai acabar na cadeia!

NICOLLO: Olha a minha flexibilidade, olha o que eu consigo fazer. (*Agacha-se duas vezes.*) Eu me cuido, ainda consigo plantar bananeira... (*Fica de ponta-cabeça.*) Está vendo?

FILIPPO: Para com isso! Quer morrer bem na minha frente?

NICOLLO (*estendendo o braço*): Toca aqui, olha só, isso é puro músculo, não tem uma gordurinha.

FILIPPO: Aí só tem é osso, não tem músculo nenhum.

NICOLLO: É puro músculo, estou dizendo.

FILIPPO: Olha só essas suas unhas. Elas estão quase caindo. É a falta de carne.

NICOLLO: Olha só você, cheio de ciúme. Que frustrado.

FILIPPO: Seu aborto da natureza! Eu nem acredito que você tenha conseguido subir as escadas!

NICOLLO: Seu balofo! Faz igual a mim, se você é homem!

FILIPPO: Cuidado com a sua roupa, você não vai poder devolver.

NICOLLO (*retornando, exausto, à posição normal*): A roupa é minha.

FILIPPO (*limpando o ombro de Nicollo*): Você vai ter de trocar.

NICOLLO (*defendendo-se instintivamente*): Tira a pata! A roupa é minha.

FILIPPO: Cala a boca, malandrinho. Eu não nasci ontem.

NICOLLO: Seu amador. Eu sei porque você está aqui. Te mandaram embora do Bouglione.

FILIPPO (*vermelho de raiva*): O Bouglione fechou há dez anos!

NICOLLO: É por isso que você bebe, seu beberrão. É por isso que te puseram porta afora. Onde é que você esconde a bebida? Aposto que você tem um frasquinho no bolso.

FILIPPO (*siderado*): O Bouglione fechou no dia 1º de janeiro. Exatamente em 1º de janeiro.

NICOLLO (*apertando Filippo*): Eu jurava pela morte de minha mãe que você tinha alguma coisa pra beber... Cadê essa bebidinha, hein?

(*Eles lutam furiosamente e riem meio seriamente. Durante a briga, aparece uma garrafa, vinda de um bolso interno.*)

NICOLLO: Deixa eu ver, deixa eu ver!

FILIPPO: Ah! Ah! Sede, não é? Então agora você bebe, é?

NICOLLO: Não quero essa sua birita. Eu como e bebo em horários fixos.

FILIPPO (*agitando a garrafa diante dos olhos de Nicollo*): Está vendo? (*Ele bebe.*) Olha só. (*Esconde a garrafa no bolso e faz um sinal para dizer "nada".*) Nada.

NICOLLO: Seu bestalhão, seu asqueroso! Pelo menos vê se enxuga essa boca. (*Tira um lenço enorme.*) Pega!

FILIPPO: Guarda esse embrulho de meleca!

NICOLLO: Olha, não precisa ficar irritado.

FILIPPO: Irritado, eu? De jeito nenhum! Você é que está irritado.

NICOLLO: Eu? Eu nunca fico irritado!

FILIPPO: E então, não está feliz de me encontrar?

NICOLLO: Se eu não estou feliz? Mas eu estou feliz!

FILIPPO: Então por que fica me chamando de balofo?

NICOLLO: Você que fica me chamando de aborto da natureza.

FILIPPO: É de brincadeira.

NICOLLO: Eu também estou só de brincadeira.

FILIPPO: Me dá um abraço. (*Eles se abraçam novamente. Filippo enxuga suas lágrimas com o lenço de Nicollo.*) Meu Deus... Como o tempo passa... (*Ele se enxuga* *voluptuosamente com o lenço do outro.*) Nicollo, me diga uma coisa: será que você ainda me ama?

NICOLLO (*chorando*): Mas é claro que te amo.

FILIPPO: Jura.

NICOLLO: Juro.

FILIPPO: E eu juro também. (*Ele enxuga a nuca, limpa-se novamente com o lenço e examina-o, enojado.*) Você devia lavar isso com mais frequência.

NICOLLO (*arrancando seu lenço de Filippo*): Ah, vai começar de novo, é?

FILIPPO: Olha, vamos falar sério dois minutos, tudo bem?

NICOLLO: Nós não temos nada de sério para conversar.

FILIPPO: Nicollo, vou falar a você como a um irmão. Você mora aqui. (*Põe a mão no coração.*) Entende? E você deveria saber... Alguém deveria te falar a verdade...

NICOLLO: Que verdade?

FILIPPO: O que eles precisam é de outra coisa.

NICOLLO: Outra coisa?

FILIPPO: O circo já não é mais o mesmo, você não vê? Você não sabe como é trabalhar hoje. Hoje em dia o negócio é duro.

NICOLLO: É duro, e daí?

FILIPPO: Nicollo, meu velho irmão, não se iluda. Estou falando com toda a sinceridade: você não tem a menor chance.

NICOLLO (*enervado*): E como é que você sabe disso?

FILIPPO: Meu velho, eles precisam de alguém vivo, de alguém com presença. Vamos falar sério. Olhe bem pra você. Você não passa de uma sombra do que você já foi. Você está transparente, nem dá mais pra ver você no picadeiro.

NICOLLO: Vou te partir a cara.

FILIPPO: Mas o que é que você acha? Que ninguém vê isso? Que eles não conhecem o que fazem? Você acha que vai conseguir convencê-los com seus numerozinhos, com seus truquezinhos fumacentos? Com suas cambalhotas mixurucas? Você acha que ainda está no Fantasio? O mundo mudou, meu velho. Ninguém mais ri das suas cambalhotas.

NICOLLO (*vai para um canto do palco*): Chega. Não falo mais com você.

FILIPPO: De que te serve ficar preocupado? Continuar essa vida miserável? Eu tinha a impressão de que você tinha uma sobrinha na Sicília. Meu Deus, por que você não vai pra lá? É bonito, tem sol, isso faz bem para os seus pulmões.

NICOLLO: Chega. Não falo mais.

FILIPPO (*vai atrás e continua seu discurso*): Mas a vida é assim. O que mais você quer? Chega um dia em que só o que resta é ser dispensado, é melhor saber ir embora antes. Por que esperar que os outros te dispensem?

NICOLLO: Porque eu ainda tenho algo a dizer!

FILIPPO: Meu santo Deus, isso é uma ideia fixa! Você realmente chegou ao fundo do poço, já percebeu? No seu lugar, eu preferiria a morte.

NICOLLO: Mas você vai ver: eles vão me escolher exatamente porque sou o mais velho.

FILIPPO: E daí que você é o mais velho?

NICOLLO: Olha só o anúncio! (*Ele saca um jornal do bolso.*) O que é que dizem aqui? Velhos... Precisa-se de velhos palhaços, não é? É isso ou não é isso?

FILIPPO: E daí?

NICOLLO: Estou dizendo, quem é o mais velho aqui?

FILIPPO: Quem?

NICOLLO (*triunfante*)**:** Eu!

FILIPPO: De jeito nenhum!

NICOLLO: Mas claro que sou eu. Tenho cinco anos a mais do que você!

FILIPPO: Cala a boca, ladrão! Que idade você acha que tem?

NICOLLO: Eu sei muito bem que idade eu tenho. Cinco anos a mais do que você!

FILIPPO: Então jure se isso é verdade. Jure sobre o túmulo da sua mãe!

NICOLLO: Não vou colocar a minha mãe nisso. Eu sei o que eu sei, isso é assunto meu.

FILIPPO: Vou te dizer a verdade, seu vigarista. Você só tem onze meses a mais do que eu. Só. Eu sei muito bem quando você nasceu. Você nasceu quando Mussolini entrou em Roma. É por isso que os teus ossos são fracos.

NICOLLO: Onze meses. Isso vale. Se eles forem precisos, isso vale.

FILIPPO: Mas aqui o negócio não é ser preciso. O negócio é ter talento! Genialidade!

NICOLLO: Eu tenho. Eu tenho o que é preciso. Sempre faço as pessoas rirem. Faço as pessoas rirem há cinquenta anos! Ninguém ficou sem rir nos meus números. Ninguém! E você vem falar de talento! Do que é que você sabe? Será que você só conhecia o que eu fazia no Fantozzi? Eu fazia as pessoas rolarem no chão de tanto rir. Era eu que fazia elas morrerem de rir! Eu! Eu!

FILIPPO: Ainda há pouco você estava falando do Fantasio...

NICOLLO: Eu disse Fantozzi!

FILIPPO: Coitado, está ficando gagá.

NICOLLO: Você é que está ficando gagá. Olha o que o *Corriere* dizia de mim. (*Tira do bolso um jornal velho.*) Pega, olha!

FILIPPO: Mas isso foi no Fernando!

NICOLLO: Fernando, Fantozzi, que diferença faz? Está escrito ou não está escrito?

FILIPPO: Mas isso foi antes da guerra!

NICOLLO: Você está de brincadeira! Isso foi há poucos anos!

FILIPPO (*gentilmente*): Escuta, vai se foder, você e essa notícia velha, que você já me mostrou mais de mil vezes.

NICOLLO: Você sempre se irrita quando vê isso, não é?

FILIPPO: Você devia era se livrar disso. Você se agarra a esse jornal como se ele fosse um cavalo morto no campo de batalha.

NICOLLO: Ah! Você queria que eu me livrasse disso, é? Mas eu não vou me livrar disso, não. Porque isso é a prova. A minha prova.

FILIPPO: Prova de quê?

NICOLLO: A prova de que eles riam!

FILIPPO: E quem ria, hein? Vou te dizer quem ria: os mongoloides, os mal amados, os alcoólatras, os últimos da classe, os histéricos. Os intelectuais, esses não riam! Porque nessa época você já estava acabado.

NICOLLO: Eu? Eu sempre fiquei em cima no cartaz.

FILIPPO: Nunca fizeram um cartaz com você.

NICOLLO: O quê? Existem centenas de cartazes comigo.

FILIPPO: Pfff!

NICOLLO (*quase chorando*): Milhares de cartazes!

FILIPPO (*controlando o jogo*): Tudo bem, milhões de cartazes.

NICOLLO (*feliz, perdendo o sentido da realidade*): Sim. Milhões de cartazes.

FILIPPO: Isso mesmo, Nicollo, isso mesmo, você tem razão.

NICOLLO: Porque eu era o melhor!

FILIPPO (*paternal*): Isso, você era o melhor. Venha cá, deixa eu te abraçar.

NICOLLO (*chorando nos braços de Filippo*): E você sabe disso, sabe muito bem.

FILIPPO (*confortando-o*): Sim, todo mundo sabe, claro, claro.

NICOLLO: E você também, sabe sim. Você admite, não é?

FILIPPO: Vamos, vamos. Guarda isso. (*Filippo dobra o jornal e o coloca delicadamente no bolso de Nicollo.*) Eu estou aqui, fique calmo, não vou te deixar cair.

NICOLLO (*exausto, aturdido*): Não mesmo?

FILIPPO: Vou te levar para minha casa. Nós viveremos os dois desse trabalho. Vou fazer sopas para você, que você precisa de sopas quentes. (*Ao dizer isso, ele pega a garrafa no bolso e bebe um gole.*) Toma um pouco. (*Nicollo bebe.*) Vou colocar você em pé de novo. Você vai ver.

(*Filippo bebe novamente e, com expressão sonhadora, oferece a garrafa a Nicollo.*)

FILIPPO: Também vou comprar para você uma cadeira de balanço, que eu sei que você gosta.

NICOLLO: Não, não, eu não gosto, não.

FILIPPO (*magnânimo*): Vai ser tudo ótimo, você vai ver... Eu vou pro trabalho, você fica passando minhas calças, não vai ter que fazer muita coisa, só umas besteirinhas... Você vai encher o meu cachimbo... Vai engraxar meus sapatos... Umas coisinhas assim.

NICOLLO (*hipnotizando, frouxamente tenta opor-se*): Não vou, não...

FILIPPO: Ano que vem, vou te levar a Nice. Você vai jogar seu poquerzinho, isso vai te dar uns trocados. Você vai ver o mundo...

NICOLLO: Eu fui lá, eu já conheço Nice.

FILIPPO: Cala a boca, quando é que você foi a Nice?

NICOLLO: Já fui. Já fui! Também já fui à Alemanha. E à Suíça!

FILIPPO: Quando é que você foi à Suíça?

NICOLLO: Foi numa turnê. Ah, ah! Que pessoas maravilhosas! E aquelas montanhas! Aqueles relógios!

FILIPPO: Esquece isso. Já faz um tempão que nada disso existe mais.

NICOLLO: A Suíça existe!

FILIPPO: Não existe mais. Para nós, ela não existe mais. Acabou. Para nós, está tudo acabado. A Alemanha acabou. Os lugares foram ocupados. A Suíça? O que é a Suíça? Ela acabou. Para nós, não há mais Suíça. A Europa? Acabou. Por que ficar se lamentando? O que sobrou para nós foram a província, os vilarejos, a Sicília. Talvez a Calábria. E vamos ser honestos. Por que você acha que eles precisam de um palhaço velho?

NICOLLO (*empolgado*): Porque eles esqueceram como se faz. Por isso. A manha do ofício está perdida... Esqueceram a Arte! Ela foi pro brejo. Eles acham que vão recuperar a Arte graças a nós!

FILIPPO: Que nada!

NICOLLO: Estou falando, deve ser isso. O circo de hoje em dia é todo uma bosta. É de um amadorismo lamentável. Uma titica. Quando você olha, fica com pena. Hoje em dia eles são todos uns coitados. Já vi todos: amadores, coisa de segunda. Me dão náuseas. São execráveis. Não têm a menor imaginação. Não têm nenhuma capacidade de representar. Não levam jeito. São uns robôs! Eca! Incapazes. Escuta, Filippo, escuta o que eu estou dizendo. Se a gente morrer, a Arte vai junto. Vai ser a noite eterna. É por isso que a gente tem de se vender bem caro. A peso de ouro! (*Ele se estufa.*) De ouro! A peso de ouro!

FILIPPO (*dá-lhe tapinhas nas costas*): Calma, calma.

NICOLLO (*exaltado*): Escroques, vigaristas, fanfarrões! Eles só fazem tomar o dinheiro de gente honesta. Isso é que é um circo? Quando é que eu estava no Humberto? Foi mês passado? Uma vergonha! Ninguém ria. Todo mundo ficava mascando chiclete. E é por isso que eu digo: a peso de ouro! De ouro!

FILIPPO: E se eles estiverem precisando de um tratador?

NICOLLO: Do quê?

FILIPPO: Bem que eu tenho medo de eles estarem procurando um tratador. Um que seja bem decrépito, pra não ter que pagar muito.

NICOLLO: Como assim, um tratador? No que é que eles estão pensando? Que a gente é o quê? Como é que isso é possível?

FILIPPO: Calma, meu velho. Isso ainda não é certo.

NICOLLO (*muito desorientado*): Mas eles poderiam avisar! Pelo menos avisar! E você, não vai dizer nada? E quem é que vai pagar o nosso transporte? Quem? (*Esmurra a porta.*) Quem paga o transporte?

FILIPPO (*tentando segurá-lo*): Ficou maluco? Está querendo ir pro Pinel?

NICOLLO (*continua a bater freneticamente na porta*): Eles têm que pagar o transporte! Eles têm que pagar o transporte!

FILIPPO (*joga Nicollo contra a porta e o obriga a sossegar-se*): Espera, bobalhão! Fica calmo e respira.

NICOLLO (*faz cara de quem se acalmou por alguns segundos e novamente salta para a porta, com uma agilidade incrível*): Quanto tempo a gente vai esperar? Eles falaram seis horas! Se eles falaram seis horas, por que não são seis horas?

FILIPPO (*obriga-o novamente a sossegar*): Chega, chega. Assim você vai quebrar os ossos. Você veio aqui para esperar. Então espere!

NICOLLO (*lutando para atingir a porta*): Mas quando é que vai dar seis horas? Quando são seis horas?

FILIPPO (*lutando para mantê-lo na cadeira*): Quando? Quando? Se você está com esse fogo no rabo, pode ir embora. Eles vão chegar quando eles chegarem.

(*Som de passos subindo a escada.*)

NICOLLO (*ainda mais furioso*): Quem falou de ir embora? Eu sei que você bem quer que eu vá. Mas eu não vou.

FILIPPO (*percebe o som dos passos*): Ssssshhh! Cala a boca!

NICOLLO: Não calo.

FILIPPO (*perdendo a paciência*): Silêncio, pelo amor de Deus!

NICOLLO (*acalmado*): Você está gritando por quê? Hein? Por quê?

FILIPPO: Você não está ouvindo?

NICOLLO: O quê?

FILIPPO: Você está ouvindo ou não está ouvindo?

NICOLLO (*leva a mão ao ouvido*): Não estou ouvindo nada.

FILIPPO: Você não está ouvindo nada porque é surdo. Eu ouvi um barulho.

NICOLLO: Mas de quê?

FILIPPO: Estão subindo.

NICOLLO (*vai sentar-se na cadeira mais próxima da porta*): Fui eu que cheguei primeiro. (*Agitado, corrige a postura.*) Nem tente passar na minha frente. (*Faz o sinal da cruz.*) Ah, meu Deus...

FILIPPO: Parou.

(*Silêncio opressor. Eles escutam imóveis.*)

NICOLLO: Parou? Mas por que parou? Você está ouvindo que parou?

FILIPPO: Bom, claro, parou, pois não estou ouvindo mais nada.

NICOLLO (*olhando para o teto*): Meu Deus, faça eles subirem.

FILIPPO: Voltou. (*Pega a segunda cadeira perto da porta, corrige a postura, pega a garrafa, dá um gole.*) Está recomeçando.

NICOLLO: Filippo, estou passando mal, me deixa beber um gole!

FILIPPO (*malvado, escondendo a garrafa*): Não tem mais.

NICOLLO: Um gole, só um golinho! Não seja malvado!

FILIPPO (*gritando*): Você não entendeu que acabou? E limpa esse queixo. Você está todo babado.

NICOLLO (*em pânico*): Onde? Onde? (*Limpa-se com o lenço.*) Ainda tem?

FILIPPO (*diabólico*): Ih, tem... Você está todo babado. Me dá isso. (*Pega o lenço e esfrega a cara de Nicollo.*) Nicollo, se você me deixasse entrar primeiro... (*Muito maternal com o lenço.*) Me deixa entrar primeiro e você vai ver que tudo vai se arranjar. A gente faz meio a meio. Eu juro.

NICOLLO (*arranca de volta seu lenço*): Nunca!

FILIPPO: Seu arenque defumado!

NICOLLO: Balofo!

FILIPPO: Tratador!

(*Os passos se aproximam. Os dois personagens esperam, fixando os olhos uma hora em cada uma das portas laterais. A porta se abre.*)

(*Entra Peppino. Assim como os outros, ele usa uma fantasia escura alugada. Entra com a mesma mala, cheíssima. Peppino parece um pouco mais velho do que os outros, mas é mais imponente. Ele para na porta e recupera o fôlego durante longos segundos. Pouco a pouco, retoma as forças e se dirige para o meio da sala. Filippo e Nicollo levantam-se, fascinados, e ficam de pé, congelados. Os três se olham longamente em silêncio. Filippo agita seu braço, como que para afastar uma visão. Peppino se abana com o chapéu, mas seu gesto fica no ar.)*

FILIPPO: Peppino!

PEPPINO: Filippo!

NICOLLO: Peppino, é você?

PEPPINO: Ah, Nicollo!

FILIPPO: Peppino, Peppino!

NICOLLO: Você? É verdade? Peppino, ainda vivo?

PEPPINO: Meu Deus, Filippo, Nicollo!

FILIPPO: Não acredito! Peppino, não acredito!

(Eles caem nos braços um do outro.)

NICOLLO: Eu também, eu também. Ah! É verdade, é verdade! *(Peppino se desvencilha dos braços de Filippo e abraça Nicollo.)* Ah, assim eu vou ficar maluco, Peppino, você aqui!

PEPPINO: Sim, meus pequenos, sim, meus queridos. *(Larga Nicollo e abraça Filippo.)* É um milagre. Um verdadeiro milagre. Foi o bom Deus quem nos reuniu. *(Os três ficam abraçados. Nicollo choraminga. Filippo enxuga o rosto e Peppino dá tapinhas no rosto de Nicollo, segura as lágrimas com os dedos e puxa-as pelo nariz.)* Você está chorando, Nicollo, está chorando, é?

NICOLLO: Estou chorando, Peppino, estou sim.

PEPPINO: Eu também estou chorando, Nicollo, eu também estou chorando!

NICOLLO: Ah, para, Peppino, não chora mais não, para...

FILIPPO: E eu, e eu, eu também estou chorando, rapazes!

PEPPINO: Ah, nós três, de novo reunidos... Ah! Como é a vida!

NICOLLO (*tira o lenço e o estende a Peppino*): Toma, Peppino, enxuga essas lágrimas.

FILIPPO (*tira a garrafa e dá a Peppino*): Bebe um gole, bebe, Peppino.

NICOLLO (*amargo, para Filippo*): E você falou que não tinha mais...

FILIPPO (*para Peppino*): Pega, pega, vai, bebe, hoje é dia de festa.

NICOLLO: E eu, e eu?

FILIPPO (*para Peppino*): É bom, né?

PEPPINO (*passa a garrafa a Nicollo e diz a Filippo*): É forte, hein? (*Fazendo uma careta.*) É você mesmo que produz essa cachaça?

FILIPPO: Senta aí, Peppino, que a gente está te vendo. (*Ele o empurra para uma cadeira.*) Você está com tremedeiras.

PEPPINO: Pffff! Essas escadas acabaram comigo. E que calor nessa bodega!

NICOLLO (*bebendo em pequenos goles*): Por que é que você saiu nesse calor?

PEPPINO (*arrancando a garrafa de Nicollo*): Meu Deus do céu, mas como vocês envelheceram!

FILIPPO (*pegando de vez a garrafa*): Me dá isso, você já bebeu o bastante.

NICOLLO: Por que é que você está dizendo que a gente envelheceu?

PEPPINO: Vocês envelheceram e não foi pouco.

FILIPPO: É mesmo? Por quê, você acha que você nem mudou nada?

PEPPINO: Eu não mudei nada.

FILIPPO: Vou te falar o que foi que não mudou em você. Foi a sua maleta.

NICOLLO (*rindo*): Ah, mas essa é boa mesmo!

FILIPPO: É a mesma, não é? A mesma há trinta anos.

NICOLLO: E a gravata, quando eu te conheci há trinta anos, era a mesma. No Benvenuto, lembra? Você já tinha essa gravata. Há trinta anos, dá pra dizer que você nunca tirou ela.

PEPPINO: Mas isso não é verdade de jeito nenhum. Ela é nova!

NICOLLO: Ah, você acha que a gente é trouxa!

PEPPINO: Comprei ontem. Não foi nem anteontem. Foi ontem de manhã.

NICOLLO: Olha só, Peppino, para com isso!

PEPPINO (*desfaz a gravata e mostra-a aos demais*): Olha só a marca dela. Não existia há trinta anos. É a última moda!

NICOLLO (*inspeciona a gravata e passa-a para Filippo*): Você acha que isso é novo?

FILIPPO: Mesmo que seja novo, eu me pergunto como é que ele usa uma coisa dessas.

NICOLLO (*a Peppino*): Como é que você usa uma coisa dessas?

PEPPINO: Mas, pelo amor de Deus, o que é que tem a gravata?

FILIPPO: Você não enxerga como é que ela fica em você?

PEPPINO: Ela fica ótima.

FILIPPO: Você fica com jeito de otário.

(*Filippo e Nicollo morrem de rir juntos.*)

PEPPINO (*rindo amarelo*): Seus miseráveis! Vocês não mudaram nada. Continuam umas bestas pretensiosas.

FILIPPO: Ah! Peppino, eu vou é te dar um belo peteleco.

NICOLLO: Ah, ah! No Fernando, todos aqueles petelecos que eu te dava...

FILIPPO: E os apelidos, ah! Aqueles apelidos que eu dava a vocês dois...

PEPPINO: E o que é que vocês têm a dizer daqueles golpes que eu dava em vocês, hein? Estão lembrados? Ah! Aquelas pancadas!

NICOLLO: E os chutes no traseiro, hein? Aqueles chutes no traseiro que eu dava em vocês...

FILIPPO: Ah, não! Os chutes no traseiro, se vocês lembram direito, era eu que dava em vocês! Meus pés ainda estão ardidos!

PEPPINO: Vamos falar sério. Eu vou dizer que foram você e o Nicollo que levaram praticamente todos os chutes no traseiro. Para mim, foi o seguinte: vocês levaram milhares e milhares de chutes no traseiro. Isso todo mundo sabe.

NICOLLO: Eu não sei de nada. Eu só sei é que eu chutava o Filippo mais de leve para tomar cuidado com a próstata dele!

FILIPPO (*irritado*): Minha próstata? Peppino, pode falar. Quem é que sofria da próstata? Fala se você é homem!

PEPPINO: Eu não sei de nada. O que eu sei é que o Nicollo ficava com frio toda vez que eu mergulhava ele no tonel. A bexiga dele se soltava.

NICOLLO: No tonel, eu? Será que você não está falando do Filippo? Aquela icterícia que fez ele ir pro hospital Ultima Sofferenza?

FILIPPO: Eu? Nunca tive nada. Nunca.

NICOLLO: Como é que é? E quando você caiu do trampolim e se quebrou todo? Mas que empurrão eu te dei aquele dia no trampolim!

FILIPPO (*furioso*)**:** Deu em mim? Foi no Peppino. Foi o Peppino que caiu aquele dia do trampolim. Peppo, olha pra mim, como é que você vai negar que foi você aquele dia? Quando eu te molhei com a mangueira!

PEPPINO: Me molhou? Com a mangueira? Isso nunca aconteceu!

FILIPPO: Como nunca? Escuta, vamos ser sinceros. O Nicollo te empurrou, e eu te molhei.

PEPPINO: Mas que patetice! Vocês dois estão gagás.

NICOLLO: É você que está gagá, se não consegue se lembrar. Você não se lembra de quando eu te prendi com um gancho pelo fundilho das calças? (*Ele se volta para Filippo.*) Olha só, ele não se lembra.

PEPPINO: Onde é que foi isso? Quando? Que gancho era esse?

NICOLLO (*para Filippo*)**:** Ele esqueceu de tudo. (*Para Peppino.*) Você esqueceu de tudo. Como é que você consegue esquecer de uma coisa dessas?

FILIPPO: Mas o que é que você tem nos miolos?

NICOLLO: Seu sapo!

FILIPPO: Você tem a maior cara de sapo!

NICOLLO: Eca, você me dá náuseas.

PEPPINO: Seus porcalhões! Quando eu penso que é assim que vocês falam com quem ensinou o ofício a vocês...

NICOLLO: Você? Você ensinou o ofício pra gente? Você me faz rir.

PEPPINO: Eu! Exatamente. Vocês eram dois fedelhos quando eu tirei vocês do Don Passante.

FILIPPO: Que Don Passante? Eu nunca soube de nenhum Don Passante.

PEPPINO: Vocês deviam me beijar as mãos. Eu tirei vocês da má vida.

NICOLLO: Que má vida? Eu estava na escola em Bénévent.

FILIPPO: Estava nada! Que escola?

PEPPINO: Assim nós vamos virar o ano falando disso! Vocês ficaram completamente idiotas, isso é certo. Finita la commedia. Digam-me agora que horas são.

NICOLLO: Mas por que é que você está tão preocupado com a hora? Está com pressa?

FILIPPO: Você pode ir embora se quiser. Agora que a gente já se viu, você pode sumir da minha frente.

PEPPINO: Ah, Filippo, mas como você é insuportável! A vida toda você foi completamente insuportável. É por isso que eu não te ensinei todos os truques. Eu sabia que não podia te contar tudo, eu sabia. A verdadeira arte ficou aqui. (*Bate com o dedo na testa.*) O segredo. Está aqui, sempre esteve aqui.

FILIPPO: Que segredo? Você nem percebe como a sua cabeça é oca?

PEPPINO: He, he! Você não conhece os truques que eu tenho na cachola!

FILIPPO: Escuta como é oca! (*Ele bate na cabeça de Peppino.*) Oca, oquinha, olha só que som de coisa oca, não é, Nicollo?

NICOLLO: Deixa ele em paz. Você está perdendo tempo com um fantasma. (*Para Peppino.*) Escuta, Peppo, você não quer admitir que veio por causa do anúncio?

PEPPINO: E por que diabos eu teria vindo? Para olhar a cara de vocês?

NICOLLO: Ah! Nesse caso você se enganou, você não prestou atenção no anúncio!

PEPPINO: Não prestei atenção?

NICOLLO: Esses caras, eles estão procurando alguém velho, saca?

PEPPINO: E eu, sou o quê? Segundo esse seu miolinho mole, eu sou o quê? Eu sou o melhor dos velhos palhaços. Sou o único bom velho palhaço. Sou ou não sou, porra?

NICOLLO: Bom, deixa então eu te dizer o que é que você é... Se você me permite... Mas só se você quiser a verdade... (*Para Filippo.*) Falo pra ele ou não?

FILIPPO: Fala! Porra, fala pra ele de uma vez por todas!

NICOLLO: Na verdade, eu já falei pra ele uma vez, mas ele não entendeu nada.

FILIPPO: Normal.

PEPPINO: O que é que eu não entendi, hein?

NICOLLO: O que você é. Eu falei agorinha há pouco.

PEPPINO: O quê?

NICOLLO: Um fantasma em pele humana! (*Para Filippo.*) É ou não é?

FILIPPO (*rindo*): É exatamente isso! (*Para Peppino.*) Ficou zangado? Peppo, ficou zangado? Mas é verdade. Você não está vendo como essas roupas estão flutuando em volta de você?

PEPPINO: Seus pentelhos! É isso que vocês são, dois implicantes mesquinhos! (*Enojado.*) Pra que insistir?

(*Ele se levanta, se dirige até a porta e começa a bater delicadamente.*)

FILIPPO: Bate, Peppo, bate. Pode bater até amanhã.

NICOLLO: Bate, Peppo, bate. Mas é pena gastar a mão com isso.

FILIPPO: Escuta, para com isso. Ficar batendo assim na porta, isso vai te fazer mal ao esqueleto. Tudo o que vai sobrar de você vai ser um saquinho de ossos embalado numa fantasia alugada.

PEPPINO (*violento, desesperado*): A fantasia é minha! Minha!

FILIPPO (*rindo diabolicamente*): Claro, claro. (*Para Nicollo.*) Está ouvindo isso? Está ouvindo só o que ele está dizendo?

NICOLLO: Que bonitinho ele é! Que comovente! (*Para Peppino.*) Sente-se, meu docinho, assim você vai se cansar.

PEPPINO: De jeito nenhum! Não vou me sentar!

(*Nicollo e Filippo irrompem em gargalhadas. Os dois parecem estar se divertindo muito com as atitudes e a aparência de Peppino, que simula desinteresse e tédio e finge estar analisando o ambiente.*)

PEPPINO (*irritado, após algum tempo*): Rir que nem idiotas, é só isso que vocês sabem fazer... Um palhaço de verdade não ri nunca. Não é o palhaço que ri, é o público, não o palhaço. Mas vocês, vocês não estão nem aí pra isso. He, he, a Arte...

NICOLLO: Pode falar que a gente nem escuta. Mas que tédio.

FILIPPO: Conta logo o que você fez depois de despencar do trampolim. Como foi que você se recuperou com todos esses ossos quebrados?

NICOLLO: Ah, você não sabe? Ele virou ajudante de picadeiro. Foi o Don Passante que achou ele em Turim e ele, ele estava com os animais... (*Ri até engasgar.*) Ele estava com as mulas e os jumentos!

PEPPINO: Cuidado aí para não morrer de rir. Eu não quero a sua morte me pesando na consciência!

FILIPPO: Diga, mestre, o que é que você estava fazendo em Turim? É verdade que você trabalhava no Poney Club?

PEPPINO: Eu fazia parte da trupe. Como ator!

FILIPPO: Você, ator?

PEPPINO (*orgulhoso*): Eu, ator.

NICOLLO: Então tá!

PEPPINO: Se você não acredita, problema seu, não estou nem aí pra isso.

FILIPPO: Por favor, Peppino, por que você está agindo assim com a gente? Como é que você pode falar esses disparates?

PEPPINO: Porque eu era ator! Era sim, era sim!

FILIPPO: Vamos lá, a gente é amigo desde sempre! Você devia ter vergonha, mesmo na velhice, ter algum pudor, isso não faz mal nenhum.

PEPPINO: Vocês não acreditam, estou vendo... (*Abre a mala.*) Então vocês não acreditam no que estou dizendo, não é?

FILIPPO: Não acreditamos mesmo.

PEPPINO (*tira da mala um velho cartaz todo amassado e estende-o no chão, pondo em suas quatro pontas* *objetos que tira da mala)*: Pois vejam só! (*Os dois se inclinam sobre o cartaz.*) O que é que vocês têm a dizer disto, hein? Nada.

FILIPPO: Mas dizer o quê?

PEPPINO: Vocês estão convencidos, estão ou não estão?

FILIPPO: Não.

PEPPINO: Mas leia só, por que você não lê? Leia o que está escrito!

FILIPPO (*Para Nicollo*): Leia você. Leia.

NICOLLO (*tira os óculos e começa a enxugá-los displicentemente; Peppino espera, com impaciência; Nicollo começa a balbuciar*): Gol-do-ni... (*Vitoriosamente, para Filippo.*) Goldoni! (*Para Peppino.*) Goldoni!

FILIPPO (*para Peppino*): Goldoni, e o que mais?

PEPPINO: Mais embaixo, seu diabo, leia mais embaixo.

FILIPPO (*para Nicollo, com tolerância*): Mais embaixo, Nicollo, mais embaixo.

NICOLLO: "Os Rús-ti-cos". (*Vitorioso, para Filippo.*) "Os Rústicos"! (*Para Peppino.*) "Os Rústicos"!

FILIPPO (*para Peppino*): "Os Rústicos", e daí?

PEPPINO: Mais embaixo, os nomes, leia mais embaixo. Logo embaixo.

NICOLLO: Mario Quadri...

PEPPINO (*urrando*): Não! A última linha!

NICOLLO: Caccino Ricci...

PEPPINO: Merda! A última!

NICOLLO: *Printed in Belgium...*

PEPPINO (*põe o dedo no cartaz e explode*): Aqui! Olha aqui! O que é que está escrito?

NICOLLO: Não consigo ver.

PEPPINO: É que isso te deixou muito atordoado! (*Para Filippo.*) Olha, está escrito "Peppino" ou não está escrito "Peppino"?

FILIPPO: "Peppino" sim, e daí? Esse Peppino, o que é que a gente sabe dele? (*Para Nicollo.*) A gente sabe quem é esse Peppino?

NICOLLO (*decidido*): Não.

PEPPINO: Sou eu! Com todos os diabos, sou eu! Simplesmente eu!

FILIPPO: Peppino pode ser qualquer pessoa! Existem milhares de Peppinos. Todo mundo pode se chamar Peppino! (*Para Nicollo.*) Ou não é?

NICOLLO: Pois é.

PEPPINO: Como assim, todo mundo? Está escrito "Peppino". Sou eu, Peppino!

FILIPPO: Olha só. O Nicollo poderia se chamar Peppino. Eu também podia me chamar Peppino. Até Garibaldi podia se chamar Peppino. O que é que nós sabemos da verdade? Podem escrever qualquer coisa. Podiam escrever Garibaldi e podia ser Peppino. Aqui nesse barco, estamos todos na mesma situação. E você pode roubar todos os cartazes que quiser, que isso não quer dizer nada.

NICOLLO: Peppino não é nem nome de ator.

FILIPPO: Claro que não é. Não é nada.

PEPPINO: É sim! É sim! Sou eu! Fui ator de teatro! Fiz o rei Lear em Frossinone! Subi no palco! O que é vocês sabem sobre subir no palco? Ainda sinto o palco debaixo dos meus pés. Seus reclamões, sabiam que a Itália inteira me conhece? Todo mundo me reconhece na rua! Todos já me aplaudiram! Todos... (*Começa a declamar em estilo antiquado.*) Ó, por vós eu rogo, impotentes que sois, por vós consumo minhas forças e é por vós que a minha última gota de sangue esfria em meu corpo abatido. Porque eu, eu enxergo além de tudo! (*Heroico, demencial.*) Vejo o verme da terra da decadência contorcer-se sob a vossa pele, e o dia da salvação ficar mais e mais longe... Ó, mundo vão, ó, deserto adormecido, ó, céu congelado, por que tudo isso, por quê? (*Nicollo e Filippo, assustados, afastam-se lentamente e colam na parede.*) Ó, Deus imenso! Quem perturbou tua meditação? Onde se rompeu o nó, o lume, o voo da virtude? E como foi que apenas eu fui declarado culpado, covarde, traidor? Sepultai-me! Sepultai-me agora em meio ao rebanho de cabras, sepultai-me sob as pedras atiradas... Porque fui só eu, eu e minha língua mentirosa, que vocês arrastaram aqui, longe dos salões e dos vossos corações... (*Cai de joelhos.*) Eis-me, agridam-me, esquartejem-me, pisoteiem-me... (*Começa a aplaudir-se com gestos* *largos.*) Não gritarei, não protestarei, não proferirei uma só palavra... O caos brotou em nós, obscuros sinais surgiram em nossos cérebros, e crianças inocentes choram durante o sono. (*Ele se aplaude cada vez mais impetuosamente.*) E o bobo, o bobo dá em vão suas cambalhotas... Vãs cambalhotas que não conseguem atenuar as dores do mundo! Porque hoje, ele, esse bobo sonolento, ele não é mais um bobo! Hoje, ser ou não ser palhaço, eis a questão!

(*Ele se aplaude longamente, até cair exausto na cadeira. Nicollo e Filippo olham-no longamente sem dizer nada.*)

NICOLLO (*tímido e compassivo*): Peppo, você está se sentindo bem?

FILIPPO: Peppo, o que foi isso?

PEPPINO: Uma peça! O que mais!

FILIPPO: Isso foi uma peça?

PEPPINO: Sim, uma peça nova. Não lembro mais como se chama. (*Para si mesmo, em êxtase.*) Isso é Arte!

NICOLLO: Peppo, a Arte não pode ser isso!

PEPPINO: Mas pode, é isso! É a arte da declamação. A rainha da arte. A quintessência do teatro. O topo. O ápice!

NICOLLO: Deus do céu. Te passaram a perna de novo. Quem te ensinou esse negócio horrível? Virgem mãe! Te enganaram. (*Para Filippo.*) Inacreditável! Ainda enganam qualquer um!

FILIPPO: Crápulas! Te ludibriaram para te fazer aprender isso!

PEPPINO: Então tenta você! Por que você não vai e tenta? Você acha que isso é moleza, é?

NICOLLO: *Grazie.* Já tenho profissão.

FILIPPO (*pérfido*)**:** Escuta, Peppo, por que não tentar a sorte num teatro de verdade?

NICOLLO: É isso! Você é bom demais para eles.

PEPPINO (*confuso, com falsa modéstia*)**:** Não, não.

FILIPPO: Escuta, aqui você vai é estragar os seus talentos!

NICOLLO: Você precisa de alguma coisa grande!

FILIPPO: É verdade, é uma pena não terminar de maneira bela.

NICOLLO: É preciso sempre subir o nível... (*Pega a mala e coloca nos braços de Peppino.*) Você vai perder o jeito se ficar aqui.

FILIPPO (*abraça Peppino como numa despedida*)**:** Coragem, Peppino! Você tem de continuar a ser aquilo que é! (*Empurra-o para a porta.*) O teu caminho é o caminho da glória. Até o topo... Até o ápice...

NICOLLO (*abraçando Peppino*)**:** Vá, Peppino. Você foi feito para os grandes palcos do mundo!

PEPPINO (*sai do abraço e senta na cadeira*)**:** Me larga! Merda, me deixa em paz!

NICOLLO (*patético*): Peppo, não traia a arte! Saia daqui!

FILIPPO: Você vai ficar aqui nesse buraco?

NICOLLO: Nesse esgoto?

FILIPPO: Você não está sentindo o fedor?

NICOLLO: Você tem de ir embora! Fugir! A arte te quer, Peppo... A declamação, sim, a declamação precisa de você... Não vá se perder!

PEPPINO: Eu vou me perder, sim.

NICOLLO (*desolado, para Peppino*): Parece que ele tinha um sobrinho na Sicília. Por que ele não vai para a Sicília?

FILIPPO (*senta-se, exausto e enojado*): Deixa ele, ele não passa de um fracassado, de um ignóbil.

NICOLLO (*senta-se, exausto e enojado*): Você é desprezível, Peppino.

PEPPINO (*cansado, com a nuca apoiada na parede*): Tudo bem.

(*Pausa.*)

NICOLLO: E estou cagando para o teu cartaz.

(*Pausa.*)

PEPPINO (*de olhos fechados, de muito longe*): E eu estou cagando para o teu jornal.

FILIPPO (*de olhos fechados, com a nuca apoiada na parede*): He, he!

NICOLLO (*como num sonho, para Filippo*): O que é que ele sabe do meu jornal?

PEPPINO (*após longos segundos*): Todo mundo sabe do teu jornal.

(*Pausa.*)

NICOLLO: Fecha essa matraca.

PEPPINO (*um pouco depois*): Vem fechar.

NICOLLO (*de olhos fechados, com a nuca apoiada na parede, para Filippo*): Como é que a gente pode fazer ele calar a boca?

(*Pausa.*)

FILIPPO: Não dá.

(*Pausa.*)

NICOLLO: Hum.

(*Longa pausa. Os três se apoiam, de olhos fechados, com a nuca contra a parede.*)

FILIPPO (*com um leve sobressalto*): Estão ouvindo?

NICOLLO: O quê?

PEPPINO: Eu estou.

NICOLLO (*agitado*): O quê, o quê?

FILIPPO: O tique-taque.

NICOLLO: Onde?

FILIPPO: Do outro lado.

NICOLLO: Hein?

(*Pausa. Nicollo encosta o ouvido na parede para escutar.*)

PEPPINO: Está bem em cima da minha cabeça.

FILIPPO: Não, está mais para o meu lado.

NICOLLO: Onde? Onde? (*Ele se senta ao lado de Filippo, e depois ao lado de Peppino, para escutar.*) Não estou ouvindo nada.

PEPPINO: Acho que já passou das seis.

NICOLLO: Não estou ouvindo nadinha.

PEPPINO: Acho que já são sete horas... Não? Será possível que já são sete horas?

NICOLLO (*furioso, volta para seu lugar*): Sete horas, é possível, e daí? Que diferença isso faz pra você?

PEPPINO: Ou será que já são oito?

FILIPPO: Oito? Merda, não pode ser.

PEPPINO: Pode sim, já é.

NICOLLO (*agitado, em sua cadeira*): Oito é muito. Não há dúvidas de que são sete.

PEPPINO: Se são sete, então tudo bem.

FILIPPO (*molenga*): Mas nem sete. Não acredito que sejam sete horas. Agorinha ainda eram seis.

PEPPINO: Eram mesmo seis? Tem certeza?

FILIPPO: Eram seis, eram sim... Era talvez um pouco antes das seis.

NICOLLO (*em transe*): Eram cinco e qualquer coisa.

PEPPINO (*mantendo a monotonia para hipnotizá-los*): Você acha, acha mesmo?

NICOLLO: Claro... Tinha acabado de passar das cinco.

FILIPPO: Ah não! Não tanto...

NICOLLO (*ainda como se estivesse sonhando*): Estou dizendo... Eram cinco e cinco.

FILIPPO (*aéreo*): Talvez. Mas acho que não.

PEPPINO: Seria bom se fossem cinco horas. Assim seria ótimo.

NICOLLO: Ótimo? Você acha que seria ótimo? E se não fosse?

PEPPINO: Se não fosse, esperaríamos ainda mais, se forem cinco a gente espera até as sete.

FILIPPO: Eu acho que são seis em ponto.

PEPPINO: Eu acho mesmo é que a hora não importa. Qualquer coisa é possível.

NICOLLO: Eu não acho que qualquer coisa seja possível. Como é possível que qualquer coisa seja possível?

PEPPINO: Claro que não é possível que qualquer coisa seja possível. Mas alguma coisa é sempre possível.

FILIPPO: Não é possível. Como é que isso seria possível?

PEPPINO: De qualquer jeito, é possível que eles se atrasem um pouco.

NICOLLO: Claro que eles vão se atrasar um pouco. E daí se eles se atrasarem um pouco? Um pouco é possível. Um pouco…

PEPPINO: Eles vão se atrasar mais do que um pouco, você vai ver.

FILIPPO: Eles não vão se atrasar nem muito, nem demais, você vai ver.

PEPPINO: Ou talvez eles nem sequer apareçam, você vai ver.

NICOLLO: Não acredito que eles não vão nem aparecer. Por que é que nem apareceriam? Eu acho que, daqui até o final, eles virão de qualquer jeito.

PEPPINO: Eu acho que esses bostas estão de sacanagem.

FILIPPO: Oh! Por quê? Eu não acho que eles estejam de sacanagem. Por que é que eles estariam de sacanagem?

PEPPINO: Pff… Um pouco, acho que estão gozando um pouco da nossa cara.

NICOLLO: Não acho que estão gozando da nossa cara, não. De jeito nenhum.

PEPPINO: Escuta, eles estão nos tratando sem o menor respeito.

NICOLLO: Não creio que eles estejam nos tratando sem o menor respeito.

PEPPINO: Como, se até eu, eu não tratei vocês com o menor respeito!

NICOLLO: Você? Você tratou a gente sem o menor respeito?

(*De muito longe, ouve-se uma trombeta. Pouco a pouco ouvem-se outros instrumentos e percebe-se um circo e sua fanfarra passando pela rua, sob as aclamações do público.*)

PEPPINO: Um pouco! Vocês nem se deram conta de que eu tratei vocês sem o menor respeito!

NICOLLO: Não.

PEPPINO: Isso agora não faz a menor diferença.

NICOLLO (*para Filippo*)**:** Você acha que ele tratou a gente sem o menor respeito?

FILIPPO: Ele está de brincadeira.

NICOLLO: Peppino, você está de brincadeira?

PEPPINO: Estou de brincadeira.

NICOLLO: Tudo bem, você é assim mesmo.

PEPPINO: A verdade é que eu sou malvado.

FILIPPO: De jeito nenhum, que absurdo. Você, malvado? Impossível.

PEPPINO: Sou sim, sou sim. Lá no fundo, sou malvado.

NICOLLO: Bom, lá dentro, eu também não sou nenhum anjinho.

FILIPPO: Acho que a gente foi feito de idiota. Vocês não têm a impressão de que a gente foi feito de idiota?

NICOLLO: Acho que estou ouvindo uma fanfarra. Vocês não têm a impressão de estar ouvindo uma fanfarra?

FILIPPO: Mas, Deus do céu, de onde você tirou essa fanfarra? A gente não está ouvindo fanfarra nenhuma!

NICOLLO: Parece, sim, que eu estou ouvindo uma trombeta. Vocês não têm a impressão de estar ouvindo uma trombeta?

PEPPINO: Eu também estou ouvindo uma trombeta.

NICOLLO: Então é verdade que a gente está ouvindo uma trombeta? Não? Está vendo, Filippo, estamos ouvindo uma trombeta.

FILIPPO: Eu não estou ouvindo é nada. Absolutamente nada. Como é que vocês conseguem ouvir alguma coisa enquanto eu não estou ouvindo nada?

NICOLLO: Mas, pelo amor de Deus, é obviamente uma fanfarra!

PEPPINO (*empolgado, levanta-se*): É o circo! É o circo passando!

FILIPPO: Como? Onde? Que circo?

PEPPINO (*feliz como uma criança*): É o circo! É o circo passando!

NICOLLO (*bate o pé como uma criança à medida que o som da fanfarra aumenta; segue o ritmo*): É o circo! É o circo!

FILIPPO: Onde? Onde?

PEPPINO: Lá embaixo, na rua! (*Ele se revira, como se estivesse preso.*) Mas, pelo amor de Deus, abram uma janela! Cadê as janelas?

FILIPPO: Esses sujeitinhos não puseram janelas.

PEPPINO (*suando, fora de si*): Como assim, não tem janela? Como é possível não ter janelas? Mas é o circo que está passando!

NICOLLO (*corre pela sala, desesperado*): Não tem janela! Nenhuma! Nenhuminha!

PEPPINO (*também se arrasta pela sala, enquanto a música e os aplausos chegam ao máximo*): Mas não é possível! Não é possível um negócio desses!

FILIPPO (*afundando acabrunhado na cadeira*): Não tem! Aqui não tem uma janela!

NICOLLO (*escorregando para o chão, com as costas na parede*): Ah! Malditos!

ATO 2

Um pouco mais tarde. Nicollo, Filippo e Peppino estão cada qual num canto da sala.

NICOLLO: Filippo, você se lembra da fanfarra que eles tinham no Fernando?

FILIPPO: Claro que me lembro.

NICOLLO: Hoje em dia não se acha em lugar nenhum uma fanfarra como aquela.

FILIPPO: E o trompetista, aliás, era fantástico!

PEPPINO: O nome dele era Fernando.

NICOLLO: Fernando, é? Eu ia falar Fernando, mas por um momento esqueci.

PEPPINO: E a trapezista? O nome dela era Lola.

NICOLLO: Ah, a trapezista? Ela também era fantástica. Lembra da Lola, Filippo?

FILIPPO: Claro que lembro. Como não vou lembrar? Ela era fantástica!

NICOLLO (*sonhador*)**:** O nome dela era Lola...

FILIPPO: Mas ele também, o trapezista, era muito bom... Como é que ele se chamava? Ele também era bom. Não era bom que nem ela, mas era bom de todo jeito.

PEPPINO: Ele se chamava Fernando também.

FILIPPO: E o elefante. Como era sábio. Hoje em dia, não se vê em lugar nenhum animais tão grandes e tão sábios.

NICOLLO: E os leões? Mas que leões! (*Com admiração.*) Ah! Como eram selvagens!

FILIPPO: Hoje em dia, não são mais tão selvagens. Não é? Você não acha que eles já não são mais tão selvagens?

NICOLLO: E o domador... Ah, que homem, aquele domador!

PEPPINO: Ele se chamava Fernando.

NICOLLO: Mas cacete, todo mundo se chamava Fernando?

PEPPINO: Claro, eram os irmãos Fernando.

FILIPPO: Ah, claro! Os irmãos Fernando. Como eram fortes os irmãos Fernando!

NICOLLO: Eram quatro.

PEPPINO: Eram grandes. Eram os melhores.

NICOLLO: Eram absolutamente brilhantes.

FILIPPO: Mas nós éramos também.

NICOLLO: Nós, nós éramos gigantes!

FILIPPO: Você se lembra do número com o banco?

NICOLLO: Com o banquinho?

FILIPPO: Mas claro! O número com o banquinho!

NICOLLO (*pensa um pouco e depois dá uma gargalhada*): Mas claro, com o banquinho! Peppino, você se lembra do nosso banquinho? Do banquinho!

PEPPINO (*pensa e dá uma gargalhada*) Clac, clac, bing, puf! Mas que número! Clac, clac, bing, puf!

FILIPPO: E o número com as mangas falsas?

NICOLLO (*sério por um instante*): Com as mangas falsas?

PEPPINO (*dá uma gargalhada*): Ah, eu lembro, eu lembro!

NICOLLO (*recordando também*): Ziiiip, tchac, fu!

(*Engasga de rir.*)

FILIPPO (*contaminado pelo riso*): Him, him! E aquele do ferro de passar, hein?

PEPPINO: Vuuííííí, zing, ploc! Era genial! Vuuííííí, zing, ploc!

NICOLLO (*rindo*): Ah, não aguento mais!

FILIPPO: Ah, mas a gente era doido!

NICOLLO (*enxugando os olhos*): E com banana... Quando éramos eu e a banana... Ba-na-na! Giiih!

(*Levanta e imita um escorregão numa casca de banana.*)

FILIPPO (*sacudindo-se de rir*): Assim! Era exatamente assim!

NICOLLO (*imitando*): E você também vinha e... giiiih!

FILIPPO (*levanta-se para imitar também*): E ele... (*Aponta para Peppino.*) Ele vinha e clac, clac, puf!

(*Os três riem de maneira irresistível por vários segundos.*)

NICOLLO: E você, quando chegava perto do alvo, eu, atrás de você... Zap, zap!

PEPPINO (*chorando de rir*): Zap, zap! (*Levanta-se e entra na grotesca pantomima do passado.*) E eu... Flang, flang. (*Como se desse um golpe com sua enorme barriga.*) Dup, dup, flang.

FILIPPO: E eu... Pitch, pitch, pitch.

NICOLLO (*o rosto em lágrimas*): E nas canelas também, agora acerta as canelas dele também!

FILIPPO (*às gargalhadas*): Chega, não aguento, parem!

PEPPINO: E quando eu vinha com os pratos, hein? (*Explosão geral de risos.*) Flii, flii, flii!

NICOLLO: E eu, fazia o quê? Vem, bate aqui.

PEPPINO (*dá um leve tapa em sua nuca*): Paf!

NICOLLO: De novo!

PEPPINO: Paf, paf!

NICOLLO: E depois disso, eu... pluf!

PEPPINO: Fica assim! E aí eu chegava com o divã... E... (*Faz o gesto.*) Vlang com o guarda-chuva! Vlang!

FILIPPO: Eu ainda tenho o guarda-chuva! Tenho aqui! Está aqui comigo.

PEPPINO: Mostra!

FILIPPO (*ele se precipita para a mala e a revira*): Tenho aqui, está sempre comigo... O guarda-chuva!

NICOLLO: Ah! Espera um pouco. (*Curva-se sobre a mala e coloca um nariz falso e uma gola gigante.*) Estou bonito, hein?

FILIPPO (*aponta-lhe o dedo rindo*): Ha, ha, ha!

PEPPINO: Que maravilha! Como nos velhos tempos!

FILIPPO (*para Nicollo*): Vamos! Mostra pra gente!

NICOLLO (*coquete*): Ah, não...

FILIPPO: Vamos! Esqueceu? Se joga na água!

NICOLLO (*ainda coquete*): Não... É o Peppino quem faz isso. (*Para Peppino.*) Peppo, vai, faz você.

PEPPINO: Não, não posso. Esqueci.

NICOLLO: Como assim? Esqueceu? Como é que você diz isso?

PEPPINO: Não, não, não, essa era a sua entrada.

FILIPPO: Escuta, Nicollo, faz! Você!

NICOLLO: Não, assim é ridículo, estou sem a minha bengala.

PEPPINO: Eu tenho uma bengala. Vou te emprestar.

NICOLLO: Não, não. Não, o Filippo entrava primeiro. Eu entrava depois do Filippo.

FILIPPO: Mas não, o Peppino vinha depois de mim.

NICOLLO: Vamos, Peppino! Faz o truque com a prótese!

PEPPINO: Você primeiro, eu depois.

NICOLLO: Tá, tá, o Filippo entra primeiro

FILIPPO: Não quero. Sempre fui o segundo.

NICOLLO: Nesse caso, não faço mais.

FILIPPO: Escuta, o primeiro que sair começa. Uni duni tê, salamê minguê, um sorvete colorê, o escolhido foi você! (*Para Nicollo.*) Foi você!

PEPPINO (*zangado*): Não, não é assim! Lá em cima do piano tinha um copo de veneno. Quem bebeu morreu. O azar foi seu! (*Ri. Para Nicollo.*) Você é o primeiro, e eu sou o terceiro.

NICOLLO: Não é justo!

FILIPPO: Foi justo! Você viu, fiz tudo justinho.

PEPPINO: Está bem, vamos!

FILIPPO (*empolgado como se estivesse diante de um espetáculo, senta-se e esfrega as mãos*): Estou pronto. Podemos começar.

PEPPINO (*puxa uma cadeira ao lado de Filippo e se senta*): Pode começar, Nicollo! Quando quiser!

NICOLLO: Vou fazer o número com o bastão. Pode ser?

FILIPPO: Ah, não. Não aguento mais isso. Tudo menos isso!

PEPPINO: Faz o número do lenhador. Que tal?

FILIPPO: Não, não. Outra coisa. Alguma coisa nova!

NICOLLO (*embaraçado*): Não, não. Vocês vão roubar ele de mim.

PEPPINO: O que é isso, Nicollo? Mas que ideia! Você é único. Você é inimitável. Quem poderia copiar você?

NICOLLO (*lisonjeado*): Isso lá é verdade.

FILIPPO (*empolgado*): Então vamos! (*Olha em volta.*) Quer que apaguemos a luz? Se aqui tivesse janelas, a gente podia fechar!

NICOLLO (*decidido*): Vou mostrar para vocês uma coisa que nunca foi vista.

FILIPPO: Isso! Isso!

NICOLLO: Vocês vão me dizer que eu não consigo fazer isso. Mas consigo. Vocês vão ver que consigo.

FILIPPO (*fascinado*): Certo!

PEPPINO: Claro que consegue!

NICOLLO: Prendam a respiração. E não quero ouvir um pio!

FILIPPO (*impaciente*)**:** Entendido! (*Cochicha com Peppino enquanto Nicollo tira a roupa.*) O que é que ele está fazendo? O que é que ele está fazendo?

PEPPINO: Silêncio!

NICOLLO: Eu precisava de uma cortina. (*Tira a calça.*) Porque esse truque foi concebido assim... O palco vazio e a cortina... Fantástico, hein?

PEPPINO: Colossal!

NICOLLO: Não é moleza! O palco vazio e as cortinas! (*Tira os sapatos e fica só com um* collant *branco de mímico.*) Eis-me!

FILIPPO (*para Peppino*)**:** Ele já começou?

NICOLLO: Vou começar agorinha. O cenário é assim. Vazio, viu? (*Abre a mala e começa a cobrir-se de pó branco.*) E agora vou dormir. (*Deita-se no chão.*) Está claro que estou dormindo, né? Dá pra ver, né? Vou falar quando as cortinas se levantarem, todo mundo vai ver que eu estou dormindo, hein? Dá pra ver que estou dormindo?

FILIPPO: Dá sim, dá sim.

(*Pausa. Nicollo imita estar dormindo. Os outros esperam, ansiosos.*)

FILIPPO (*esboça uma risadinha mas depois se contém*)**:** Hi, hi!

PEPPINO (*lançando-lhe um olhar fulminante*)**:** Pssst!

(*Longos segundos de silêncio. Nicollo começa a mexer-se e a torcer-se.*)

FILIPPO (*com voz baixa, para Peppino*)**:** O que é que ele está fazendo?

PEPPINO (*sussurrando*)**:** Mas você não está vendo?

FILIPPO: Estou sim, mas...

(*Nicollo põe a mão no estômago, abre os olhos e olha em torno com uma expressão de dor.*)

FILIPPO (*empolgado, sussurra*)**:** Ele acordou! (*Para Peppino.*) Ele acordou, não foi? Genial. (*Para Nicollo.*) Bravo! (*Aplaude.*) Você acordou!

NICOLLO: Cala a boca!

FILIPPO: Desculpe.

NICOLLO: Já falei pra calar a boca!

FILIPPO: Tudo bem.

NICOLLO: Mas assim é impossível!

FILIPPO: Está bem, está bem, já parei, vou calar a boca.

NICOLLO: Mesmo assim, eu tenho que me concentrar, hein?

FILIPPO: Claro.

NICOLLO: O que é que eu fiz até agora?

FILIPPO: Você dormiu.

NICOLLO: E depois?

FILIPPO: Você dormiu e acordou.

NICOLLO: Foi a fome que me acordou. Deu pra ver que foi a fome que me acordou?

FILIPPO (*para Peppino*): Deu pra ver?

PEPPINO: Na verdade, não.

NICOLLO: Foi porque vocês não olharam direito. O que vocês fizeram? Vocês ficaram cochichando em vez de olhar.

PEPPINO: A gente olhou, mas não viu nada.

NICOLLO: Cala a boca! (*Imita uma pessoa se vestindo.*) Agora estou me vestindo.

PEPPINO (*confuso*): Nicollo, o que é isso?

NICOLLO (*imita uma pessoa dando um nó na gravata diante de um espelho*): Isso é a pantomima, seu burro.

FILIPPO (*que espera há muito tempo uma ocasião para rir*): Ha, ha, ha!

NICOLLO (*furioso*): Está rindo de quê?

FILIPPO (*assustado*): Não era pra rir?

NICOLLO: Agora não, só depois. Agora vou descer a escada. (*Imita uma pessoa descendo as escadas.*) Quantos degraus desci?

FILIPPO: Dois.

PEPPINO: Três.

NICOLLO: Agora, vou tropeçar. (*Imita uma pessoa tropeçando e caindo.*) E aí? Deu pra entender? (*Levanta-se e limpa-se.*) E aí? E não são três, são quatro!

FILIPPO (*com um riso forçado*)**:** Hi, hi, hi! (*Levanta-se e dá pulinhos sem sair do lugar.*) É ótimo, é ótimo!

NICOLLO: Senta aí. Deus do céu, por que você não se senta?

FILIPPO: Vou me sentar.

NICOLLO: Não vou mostrar mais nada. Nunca mais.

FILIPPO: Mas olha, já me sentei. Caladinho.

NICOLLO: E agora vou ao mercado. (*Anda sem sair do lugar.*) O que é que estou fazendo agora?

PEPPINO: Você está indo ao mercado.

NICOLLO: Isso é andar sem sair do lugar. É muito difícil andar sem sair do lugar. Dá pra ver que estou andando sem sair do lugar? Filippo, tente um pouco andar sem sair do lugar. Você consegue? A verdade é que poucos conseguem realmente andar sem sair do lugar direitinho. Agora vou parar. (*Para e hesita sem sair do lugar.*) Estão vendo a confusão? Hein? Sim ou não?

FILIPPO: Não.

PEPPINO: Não.

NICOLLO: Merda! Vou mostrar de novo! Agora estão esbarrando em mim. Estou no mercado. (*Cambaleia, empurrado por passantes invisíveis.*) É muito difícil transmitir essa impressão de confusão. São poucos os que conseguem fazer isso, muito poucos os que sabem realmente imitar esses esbarrões. Dá pra ver que estão esbarrando em mim?

FILIPPO (*lamuriando*): Não!

NICOLLO (*aumenta os gestos*): E agora?

PEPPINO: Não dá pra ver nada. Absolutamente nada.

NICOLLO: Não é possível.

FILIPPO: Mas o que a gente vê é um deserto, só um deserto!

NICOLLO: Fecha essa matraca!

FILIPPO: Está bem, está bem, vou fechar.

NICOLLO: E agora, estou fazendo o quê?

FILIPPO: Sei lá.

NICOLLO (*violento*): Olha direito, meu Deus! O que é que eu estou fazendo?

FILIPPO (*perdido*): Sei lá.

NICOLLO (*para Peppino, ameaçador*): Peppino, o que é que eu estou fazendo? Responde!

PEPPINO: Você está se requebrando aí.

NICOLLO (*desesperado*): Mas olha, olha, olha! O que é que eu estou fazendo? (*Repete o mesmo gesto desesperado.*) Estou roubando uma melancia, não dá pra ver?

PEPPINO (*triste*): Não.

NICOLLO: Como assim? Filippo, e você? Estou roubando uma melancia. Não dá pra ver que estou roubando uma melancia? Como assim, não dá pra ver?

FILIPPO (*triste*): Não dá. A gente não está vendo nada, Nicollo.

NICOLLO (*agitado*): E estou correndo... Dá pra ver que estou correndo? Estou correndo com a melancia... É muito difícil correr sem sair do lugar. Correr sem sair do lugar é dificílimo. Dá pra ver que estou correndo sem sair do lugar?

PEPPINO (*generosamente*): Um pouco.

FILIPPO: Mas e se você mostrasse o número dos lenhadores? Os lenhadores eram mais legais...

NICOLLO (*esgotado*): Mas é impossível que não dê para ver... Não dá para ver nada? Vamos, amigos, força! Estou correndo ou não estou correndo?

FILIPPO (*cedendo*): Está.

NICOLLO: E estão correndo atrás de mim.

FILIPPO: Estão correndo atrás de você.

NICOLLO: Pode rir, Filippo! Agora é pra rir!

FILIPPO: Estou rindo.

NICOLLO: E você, por que não está rindo? Peppino, por que você não está rindo?

PEPPINO: Estou rindo. Não dá pra ver que estou rindo?

NICOLLO: E eles atrás de mim. (*Acelera a corrida.*) O tempo todo atrás... E agora me prenderam. (*Desaba.*) Está claro que me prenderam, né?

FILIPPO (*entediado*): Claríssimo.

NICOLLO: Bandidos! Cafajestes!

PEPPINO: Pilantras!

NICOLLO: Isso está claro, né? (*Debate-se de modo grotesco.*) Os canalhas... Eles me batem até a morte. Estão vendo que eles me batem até a morte? Os porcos...

FILIPPO (*impaciente*): Chega, Nicollo... Isso basta.

NICOLLO (*levado ao delírio*): Os canalhas... (*Continua sua luta insana com os parceiros invisíveis.*) Estão quase me liquidando. Estão vendo? Estão me destroçando completamente. Está visível, né? E, de repente, subitamente... Hein?

PEPPINO: Hein?

FILIPPO (*triunfante*): Eles foram embora! Não deu pra ver? Eles se mandaram. Eles te mataram e foram embora.

NICOLLO: Não, não!

FILIPPO: Sim! Sim! Você morreu! Deu pra ver perfeitamente que você morreu!

PEPPINO: Bravo, Nicollo! Você morreu!

FILIPPO: Você é maravilhoso morrendo. Formidável!

NICOLLO: Eu não morri! De jeito nenhum.

FILIPPO: Mas então por que eles foram embora?

NICOLLO: Mas aí é que está a astúcia! Vocês não sacaram por que é que eles foram embora?

FILIPPO: Que diferença faz? O importante é que eles foram embora.

NICOLLO: Sim, mas por quê? Por quê? Isso é essencial! Vou mostrar de novo. (*Repete a luta.*) E aí? (*Longa pausa.*) Foi por causa da chuva, seus boçais!

FILIPPO: Como?

PEPPINO: O quê?

NICOLLO (*sufocado*): Vocês realmente não viram que começou a chover? Hein? Estava chovendo ou não estava?

FILIPPO (*tímido*): Não sei.

NICOLLO: Realmente, vocês não viram que era chuva? Vou fazer de novo... (*Repete a luta.*) Olha! E aí eu levanto, mas não imediatamente.

PEPPINO: Isso dá pra ver.

NICOLLO: Se a chuva não tivesse começado, eles tinham acabado comigo. Isso não é belo?

PEPPINO: É belo.

NICOLLO: Foi a chuva que me salvou! É fantástico, não é? Ela simplesmente me salvou. É isso.

FILIPPO: E só?

NICOLLO: Bom, eu também me recupero... Subo... quatro degraus... E não dois... nem três... E caio na cama e durmo... Estou encharcado e durmo encharcado. É muito difícil mostrar que se está encharcado. Isso é o mais complicado. (*Ele se enxuga com um pano que tira da mala.*) Deixei vocês boquiabertos, hein?

FILIPPO: Hum-hum.

NICOLLO: Choquei o mundo inteiro com esse número. As salas ficavam repletas. Todas as salas... Diga, Peppino, o que você acha? Eu disse que era ótimo, hein? Sobretudo a parte da chuva, hein? Toda a astúcia está no truque da chuva, quando eu imito a chuva, não é?

PEPPINO: Pois é...

NICOLLO: Mas eu acho que esse número pode funcionar em qualquer lugar, em qualquer tempo. Não é mesmo?

FILIPPO: Olhem antes o que eu sei fazer. Vocês vão me dizer que isso não é possível.

NICOLLO: Fala, Filippo, é engenhoso. A chuva que cai, eu saindo da chuva, hein?

FILIPPO: Vou mostrar meu número com a caixa negra.

NICOLLO: Eu já faço esse número há dez anos. Repito ele todo dia. Impressionante, não é?

FILIPPO: Vocês vão me dizer que isso não é verdade. (*Rude.*) Sente-se, Nicollo.

NICOLLO (*senta-se, intimidado*): Sento, sento... Diga, Peppo, que você não esperava ver isso.

FILIPPO: Cala a boca, Nicollo.

PEPPINO (*num tom de gentil reprovação*): Escuta, para de falar.

FILIPPO: É pena que não dê para apagar a luz aqui. No escuro é muito melhor. (*Abre a mala.*) Eis! A caixa negra! Negra no exterior, negra no interior. É por isso que ela se chama a caixa negra. Porque é pequena e negra. (*Coloca a caixa negra no chão a uma certa distância dos outros.*) Veja! Ela é negra mas tem buracos. Buracos na tampa, mas não dá para ver. Quando você olha de perto, dá pra ver, mas, à distância, não. Não vemos porque são negros, ha, ha! E agora vou colocar os balões. Eis! Vocês estão vendo alguma coisa? Nada. (*Ele tira um punhado de balões do bolso e coloca-os dentro da caixa. Fecha a tampa e corre para sentar-se ao lado dos outros.*) Eis! (*Pausa. Tensa espera.*) Balões, simplesmente. Vocês viram, hein?

NICOLLO: E agora?

FILIPPO: Espera só pra ver.

(*Pausa. Os três, concentrados, olham a caixa negra.*)

FILIPPO (*agitado*)**:** Um segundo! Logo vai começar! É simples como beber água.

NICOLLO: Não estou entendendo.

FILIPPO: Espera. É um negócio que nunca te passou pela cabeça. (*Febril. Para Peppino.*) Peppo, você nunca viu um negócio assim? (*Ele o abraça efusivamente.*) Aposto com vocês que não. Aposto tudo o que vocês quiserem. Vocês vão ver. Só um segundo. É simplíssimo.

NICOLLO: Você quer explicar de uma vez o que é que está acontecendo?

FILIPPO (*agitadíssimo*)**:** Isso não se pode contar. He, he, lá vem. Lá vem. Eis!

NICOLLO: O quê?

FILIPPO: Olha!

PEPPINO: Não é verdade, ha!

NICOLLO: Não estou vendo nada.

FILIPPO: Começou!

PEPPINO: Lá vai, lá vai, ha, ha!

NICOLLO: Mas o quê, o quê?

(*Um balão sai de um dos buracos da tampa, inchando cada vez mais.*)

PEPPINO: Ha, ha!

NICOLLO: O quê? O quê?

FILIPPO: Não está vendo? Está enchendo!

PEPPINO (*curvando-se de rir*): Fantástico, incrível!

FILIPPO: Não é? É hilariante, não é?

NICOLLO (*que, enfim, vê o balão e reage como uma criança*): O balão, o balão!

FILIPPO: Não é? É famoso!

(*O balão está quase cheio. Os três se excitam cada vez mais. Finalmente, o balão sai com um pequeno ruído e rola pelo chão.*)

NICOLLO: Olha, o balãozinho, como é lindo!

FILIPPO: O que é que eu estava dizendo? É formidável! É exatamente como eu dizia.

PEPPINO (*que continua rindo*): É assombroso!

FILIPPO: E ainda tem outros. Ainda vão aparecer.

(*Um segundo balão começa a sair por um buraco e a encher. Antes que o segundo balão fique completamente cheio, um terceiro começa a sair e a encher por outro buraco. Os três palhaços ficam em êxtase.*)

NICOLLO (*ri espalhafatosamente*): Quantos tem? Quantos tem?

FILIPPO (*idem*): Muitos! Muitos!

NICOLLO: Quero agora! Tem mais agora?

FILIPPO: Tem! Quantos você quiser!

NICOLLO (*apontando o dedo*): Veja! Veja só! (*Ri segurando as costelas.*) Oh, não é possível!

FILIPPO (*orgástico*): Mais! E mais!

PEPPINO (*sufocado de rir*): Não aguento mais! Não aguento mais!

FILIPPO: É o truque do século! Isso sim é Arte!

PEPPINO (*morto de rir*): Vou morrer! Vou morrer!

NICOLLO (*levanta-se e começa a sapatear pela sala*): É como se... É como se...

FILIPPO (*radiante*): É, né?

(*Balões em número cada vez maior saem dos buracos, enchendo e sendo expulsos com uma pequenina explosão. O riso dos três palhaços se aproxima da apoplexia.*)

PEPPINO: Não existe outro truque como esse. Não existe...

FILIPPO: Mas esse aí existe...

NICOLLO: Mas, Deus do céu, como é que ele é feito?

FILIPPO: Olha, o vermelho! O vermelho... Olha!

PEPPINO: Assim eu passo mal!

NICOLLO: Parecem bundas! Ah, Senhor, bundinhas!

FILIPPO (*rolando de rir no chão*): Assim e assim e assim sempre até o infinito...

PEPPINO (*para Filippo, engasgando de rir*): Filippo, estou mesmo passando mal...

NICOLLO: É o ápice do ápice. Acima disso não há nada!

PEPPINO (*seus risos se transformam em arquejos*): Ah... Estou sufocando... Estou passando mal... Não aguento mais... Para, Filippo! Para...

FILIPPO (*orgulhoso, para Nicollo*): Está vendo, né? Eu sou o melhor.

PEPPINO (*com as mãos na garganta, o olhar perturbado*): Ah! Minha mala, cadê a minha mala!

FILIPPO (*agitando-se de rir*): Arte! Isso é arte! (*Olhando Peppino com mais atenção.*) Que foi?

PEPPINO (*tremendo, arquejando*): Minha mala... Nicollo, cadê minha mala? Filippo, vou morrer!

NICOLLO (*parando de rir, para Filippo*): O que é que ele está dizendo?

FILIPPO (*inclinando-se para Peppino*): O quê? O que é que você está dizendo?

PEPPINO: Minha mala... Minha pílula!

FILIPPO (*para Nicollo*): O que é que ele tem?

NICOLLO (*inclinando-se sobre Peppino*): O que é que você tem, Peppo?

PEPPINO (*cada vez mais fraco*): A pílula, rápido, a mala...

NICOLLO (*tendo uma iluminação*): Ele quer a mala...

FILIPPO (*um pouco alarmado, sacode Peppino com delicadeza*): O que é que você tem, merda, o que é que você tem?

NICOLLO (*um pouco assustado*): É pra pegar a mala dele? Ele quer a mala? Vou pegar a mala...

PEPPINO (*o rosto congestionado, agonizante*): Ar... Pílula...

NICOLLO (*choramingando, para Filippo*): O que é que ele tem? O que é que ele quer?

FILIPPO (*começando a entrar em pânico*): A pílula! Dá a pílula pra ele!

NICOLLO (*perdido*): Que pílula? Onde você quer que eu pegue? (*Inclinando-se para Peppino.*) Peppo, que pílula? (*Para Filippo.*) Faça alguma coisa!

FILIPPO: A pílula de dentro da mala, rápido!

NICOLLO: Sim, sim... (*Corre para a mala, tropeçando nos balões que continuam a sair da caixa.*) Cadê ela? Onde? Onde?

FILIPPO (*tira sua garrafa de bebida alcoólica da mala, oferece-a a Peppino.*): Dá um gole. Quer um gole?

PEPPINO (*quase inerte nos braços de Filippo, soltando gemidos*): Ahr... Ahr... Ahr...

FILIPPO (*desesperado*): Cacete, o que é que você está fazendo?

NICOLLO: Achei! (*Abre a mala e joga-a no chão. Inúmeros pequenos acessórios se espalham. Nicollo* *começa a remexê-los.*) Não estou vendo nada! Não estou vendo pílula nenhuma! Nenhuma!

FILIPPO: Deve estar lá dentro!

NICOLLO (*procura com as mãos tremendo, fascinado pelos objetos pequeninos, com lágrimas nos olhos*): Não acho nada... Onde é que está?

FILIPPO (*deixa de dar de beber a Peppino e bebe ele mesmo*): Água! Precisamos de água.

NICOLLO (*febril, perturbado por todos os objetos pequeninos*): Cadê?

FILIPPO (*martelando os joelhos de Peppino*): Peppo! O que você tem, Peppo? Acorda! Vamos, levanta! Fala, diz alguma coisa. O que é que você tem? Você disse alguma coisa? (*Para Nicollo.*) Olha naquelas garrafinhas. O que é que tem naquelas garrafinhas?

NICOLLO (*abre diversas garrafas e as cheira*): Não sei... Hum... Não estou entendendo nada... (*Levanta-se bruscamente e fala, um pouco perfidamente.*) Vou procurar alguém...

(*Lança-se para a porta.*)

FILIPPO (*violento*): Para! (*Nicollo congela onde está.*) Patife, você vai me deixar sozinho aqui?

NICOLLO: Mas o que é que você quer que eu faça? Me diz o que é pra eu fazer, que eu faço.

FILIPPO (*batendo cada vez mais forte nos joelhos de Peppino*): Peppo, meu rapaz, está me ouvindo?

NICOLLO: Desabotoa o colarinho dele. Você não está vendo que está estrangulando ele?

FILIPPO (*desabotoando o colarinho de Peppino*)**:** Está melhor? Fala, Peppino! (*Desesperado, quase urrando.*) Peppino, o que é que você tem? (*Para Nicollo, com voz abafada.*) Meu Deus. Ele está morrendo!

NICOLLO: Morrer? Como assim? Mas o que é isso? Sacode ele! Como é possível?

FILIPPO: Você não está ouvindo como ele arqueja?

NICOLLO (*em pânico*)**:** Arquejando? Não é possível... Não... (*Coloca-se de joelhos diante de Peppino e o sacode violentamente, choramingando.*) Peppo! Levanta! Meu Deus, o que é que você fez? Peppino, meu chapa, não é possível... O que é isso? (*Para Filippo.*) Ele precisa de ar!

(*Começa a abaná-lo com seu velho jornal.*)

FILIPPO: A gente tinha é que abrir uma janela! Eu logo falei que era preciso abrir uma janela! Meu Deus, ele vai sufocar! Vamos, caramba, abre uma janela! Faz alguma coisa!

NICOLLO (*tateia pelas paredes em busca de uma janela; tropeça nas cadeiras, nas malas e nos balões que continuam a encher na caixa negra.*)**:** Qual? Que janela? Ah, caixa maldita!

FILIPPO (*zangado*)**:** Não mexe na minha caixa!

NICOLLO: Que janela? Me mostra a janela, que eu abro!

FILIPPO: Vem cá. Pega ele.

(*Os dois tentam colocar Peppino de pé.*)

NICOLLO: Eu não consigo. Ele não consegue.

FILIPPO: Faz um esforço! Seu miserável!

NICOLLO (*solta Peppino, que cai de volta na cadeira como uma marionete e desaba, impotente*): Não consigo. Tenho hérnia. Não consigo.

FILIPPO (*agitando os dois braços no ar*): Meu Deus, ele vai morrer, ele vai morrer!

NICOLLO: Talvez ele só seja epilético.

FILIPPO (*inclinado sobre Peppino, que arqueja de tempos em tempos*): Peppo, você é epilético?

NICOLLO (*tendo uma iluminação*): O coração! Escuta pra ver se está batendo! Está batendo?

FILIPPO (*tentando escutar*): Sei lá... Acho que não...

NICOLLO: Não está ouvindo? Não está ouvindo nada? Deixa eu escutar. (*Também tenta escutar.*) Parece que está batendo, sim...

FILIPPO: Está porra nenhuma...

NICOLLO: Tudo por sua causa! Da tua caixa de merda! Por causa de vocês, de você e da tua caixa!

FILIPPO (*sacode Nicollo com força*): Cala a boca! Cala essa boca suja!

NICOLLO: Não calo! De jeito nenhum! Foi você que matou ele! Anda, faz alguma coisa agora! Dá um jeito!

FILIPPO (*pega as mãos de Peppino e começa a fazer gestos desajeitados de reanimação*): Vamos, meu chapa!

NICOLLO: Mas o que é isso? O que é que você está fazendo? Por que está fazendo isso?

FILIPPO: Por causa do oxigênio! É por isso! É para ele tomar ar! Aperta a barriga dele!

NICOLLO: Não, assim não... A gente tem que colocar alguma coisa embaixo da cabeça dele.

FILIPPO (*exasperado*): Mas por que você, por que você quer colocar alguma coisa embaixo da cabeça dele? Colocar alguma coisa embaixo da cabeça dele? Ah, pelo amor de Deus!

NICOLLO (*pega a mala e os dois estendem Peppino no chão, com a cabeça em cima da mala*): Ele fez algum som?

FILIPPO (*continuando a agitar os braços de Peppino*): Sei lá... (*Desesperado, para Nicollo, que fica olhando.*) Nicollo, não fica aí de braços cruzados que eu te mato!

NICOLLO (*chorando*): Mas eu não estou de braços cruzados... De onde é que você tirou que eu estou de braços cruzados... E não é assim que se faz, assim não!

FILIPPO: Mas então como é que é?

NICOLLO: Você não viu como a gente fez lá no Fernando?

FILIPPO: Quando?

NICOLLO: Quando ele caiu do trapézio, a gente fez boca a boca.

FILIPPO: Mas isso foi há trinta anos!

NICOLLO: Mas a gente sempre fez assim! Estou dizendo... boca a boca. O que você acha que é pra fazer? É pra fazer boca a boca.

FILIPPO: Bom, então faz você o boca a boca.

NICOLLO (*lamentando*)**:** Não posso. Acho que não posso...

FILIPPO (*levanta-se, ameaçador*)**:** Faz nele! Faz nele senão te quebro a cara! Faz senão eu acabo com você!

NICOLLO: Mas não sei fazer... Não sei mais... Ah, meu Deus, isso me dá náuseas!

FILIPPO: Você não está vendo que ele está morrendo? E se fosse você, hein? Isso te dá náuseas, é? (*Dá-lhe um chute.*) Faz, viadinho!

NICOLLO: Não encosta em mim! Para, meu Deus! (*Inclina-se e começa a fazer o boca a boca em Peppino. Após algumas tentativas, levanta-se tremendo.*) Não consigo mais...

(*Dobra-se com a cabeça sobre a mala, cuspindo como se vomitasse.*)

FILIPPO: Imbecil! Seu bosta! (*Inclina-se ele mesmo sobre Peppino, faz o boca a boca e, por fim, grita para Nicollo.*) Vem cá! Vem cá, Nicollo! Escuta!

NICOLLO (*vai engatinhando e suspirando*)**:** Estou chegando...

FILIPPO: Acho que ele ainda está respirando.

NICOLLO (*com o ouvido na boca de Peppino*): Ele está respirando... O ar está saindo...

FILIPPO: Hein? (*Retoma o boca a boca.*) Ele está respirando, não é? (*Também ele põe o ouvido na boca de Peppino.*) Está respirando, sim.

NICOLLO: Sim, está sim... Amém, está... (*Sacode Peppino.*) Peppino, acorde!

FILIPPO: A gente salvou ele! Deus do céu, a gente salvou ele! Nicollo, a gente salvou ele! Ele está vivo. Está vivo, né?

NICOLLO: Está vivo, o infeliz. Vivo.

FILIPPO (*escuta ora a boca, ora o peito de Peppino*): Está batendo, está batendo!

NICOLLO: Deixa eu, deixa eu! Sim, é verdade, está batendo.

FILIPPO (*cai nos braços de Nicollo*): A gente salvou ele... (*Com soluços de alegria.*) Ele está vivo...

NICOLLO (*exuberante, febril, aliviado*): Ele está respirando! O coração está batendo!

(*As duas personagens se abraçam longamente.*)

FILIPPO: Santa Madonna, obrigado!

PEPPINO (*abre os olhos, olha os dois palhaços, ri de leve, zombando*): He, he... He, he, he...

NICOLLO (*repleto de entusiasmo*): Ele está respirando! Está rindo! Obrigado, Deus!

FILIPPO: Rindo?!

NICOLLO: Rindo! Rindo!

PEPPINO: He, he, he...

FILIPPO (*confuso*): Rindo mesmo?

(*Peppino começa a rir com plena força, zombando: abre mais os olhos, para de rir, olha-os, ri de novo, põe as mãos na barriga e ri desbragadamente.*)

PEPPINO: He, he, he...

FILIPPO: Peppo, o que é que você tem?

PEPPINO: He, he, he, dois otários...

FILIPPO (*de pé, olha-o, ameaçador*): Por que você está rindo? Peppo, por que você está rindo?

NICOLLO (*confuso, olha ora para um, ora para o outro*): Ele enlouqueceu?

PEPPINO (*às gargalhadas*): Enganei os dois! Ah, enganei direitinho vocês dois!

FILIPPO (*petrificado, desorientado, o rosto suando*): O que é que você está dizendo, Peppo?

PEPPINO (*alegre*): Mostrei pra vocês o que eu sei fazer. Mostrei direitinho o que eu sei fazer, hein?

FILIPPO (*para Nicollo, mudo de estupor, apontando Peppino*): Ele mostrou pra gente o que ele sabe fazer.

NICOLLO (*com uma expressão de sofrimento no rosto*): O que é que isso significa?

FILIPPO (*para Peppino*): Repete só pra ver. O que foi que você mostrou pra gente?

PEPPINO (*divertindo-se imensamente*): Arte! Vocês não pescaram? Mostrei para vocês o que é Arte!

FILIPPO: E isso é Arte?

PEPPINO: É. A arte do ator. Peguei vocês, hein? Os dois. No que é que vocês acreditam? Tudo é arte.

FILIPPO (*para Nicollo, apontando Peppino*): Tudo é arte...

NICOLLO (*levanta-se, atordoado*): Você quer dizer que você fez cara de...

PEPPINO (*rindo maldosamente*): Cretinos... Ingênuos... O que é que vocês sabem... Vocês queriam alguma coisa grandiosa. Toma, então! Ha! O que é que vocês sabem sobre ser artista? Vamos aplaudir! Por que é que vocês ficam aí parados feito postes? Eu acabei com a raça de vocês. Ha! Sou o melhor! (*Ri, deitado de bruços, como eles o largaram.*) Ha!

NICOLLO (*choramingando*): Filippo, o que é que está acontecendo?

FILIPPO (*tristíssimo*): Mas você não vê?

NICOLLO (*triste e humilhado*): Peppo, o que é que está acontecendo?

PEPPINO: O que é que está acontecendo? O que é que está acontecendo? Vocês viram, ora! E vocês têm mau hálito.

NICOLLO (*tira a mala de baixo da cabeça de Peppino*): Me dá essa mala!

PEPPINO (*ri rolando no chão e imita os outros dois com voz de falsete*): Ele está respirando, ele está respirando... Ha, ha... Está vivo, está vivo... Ha, ha... Mas vocês também estavam ótimos... Ótimos...

NICOLLO: Escuta, Peppo, cala a boca!

PEPPINO: E que nojo! Vocês deviam escovar mais os dentes. Cuidado, Filippo, teu molar está podre, achei que você ia me envenenar com o cheiro daquela podridão.

FILIPPO (*frio*): Basta.

PEPPINO (*ainda fazendo voz de falsete*): Ele está vivo, ele respira... Ha, ha...

NICOLLO: Escuta, cala a boca.

PEPPINO: Dois otários. Dois velhos otários.

FILIPPO: Chega!

NICOLLO (*choramingando*): Vou embora.

PEPPINO: Podem se mandar. Fora daqui, os dois. Vocês não servem pra nada.

NICOLLO (*bate em Peppino com a mala*): Cala a boca!

PEPPINO: Ha, ha, ha!

FILIPPO (*dando-lhe um chute*): Fecha essa matraca!

PEPPINO: Dois babacas... O que é que vocês sabem... Arte! Arte!

NICOLLO (*bate nele de novo com a mala*): Fecha essa matraca! Fecha, anda!

FILIPPO (*dá-lhe outro chute*): Filho da puta. Cala essa boca! Cala!

PEPPINO (*ri, insensível aos chutes*): A arte! A arte! O que você sabem sobre a arte, bando de idiotas?

NICOLLO (*batendo cada vez mais forte*): Cale-se, cale-se, cale-se!

FILIPPO (*chutando também, cada vez mais forte*): Fecha essa boca, seu imundo! Seu cão asqueroso!

PEPPINO: Ha, ha, ha! Peguei os dois! Fiz os dois de burros! (*Pouco a pouco, debaixo dos golpes, seu riso vira um arquejo, como no começo. Ele cobre o rosto com as mãos, se retorce no chão e leva os golpes sem se defender.*) Oh... Oh... Ui... Ou...

NICOLLO: Cabotino! Verme! (*Bate até ficar exausto.*) Chega, chega! Silêncio!

FILIPPO (*também bate até ficar exausto*): Porco! Porco velho!

(*Peppino subitamente fica silencioso e rígido. Os outros param, cansados, suados, arfando. Peppino fica imóvel entre os balões que não pararam de encher e entre todos os objetos em desordem que saíram das malas. Ouvem-se passos subindo.*)

FILIPPO (*com a mão na orelha*): Eles estão vindo.

NICOLLO: Que horas são?

FILIPPO: Estão subindo. Estão vindo. Você não ouve? (*Febril, começa a guardar os objetos em sua mala. A caixa negra continua a soltar balões, mas com frequência cada vez menor, como se estivesse cansada. Puxa Peppino pela manga.*) Sai daí. Vamos, eles estão chegando.

NICOLLO (*veste-se, agitado, também guardando suas coisas*): Já são seis horas? São ou não são seis horas?

FILIPPO (*guarda suas coisas e volta e meia puxa Peppino pela manga*): Peppo, levanta! Eles estão chegando... Levanta! É hora! Vai começar.

NICOLLO (*guardando os objetos que caíram da mala de Peppino*): O que é que eu vou fazer com tudo isso? Peppo, o que é que eu faço com essas coisas?

(*Os passos se aproximam cada vez mais. Os dois ficam cada vez mais em pânico. Cada qual arruma sua aparência e a do outro. Volta e meia sacodem Peppino, que não quer se levantar.*)

FILIPPO: Vamos, Peppo, deixa disso. Vem!

NICOLLO (*ameaçador*): Olha, vamos deixar claro: eu vou primeiro!

FILIPPO (*ainda sacudindo Peppino*): Vamos, vamos, já deu! Vamos lá!

NICOLLO: Que diabos, deixa ele. Isso não se faz!

FILIPPO (*vira Peppino de costas*): Levanta, miserável! (*O rosto de Peppino está congelado, com um riso maligno.*) Olha ele. Que calamidade!

NICOLLO: Chega, não aguento mais, deixa ele! Ele morreu?

FILIPPO: Sei lá. O diabo se eu sei.

NICOLLO (*em pânico com os passos que se aproximam*): Vem logo!

FILIPPO: Pra onde?

NICOLLO: Sei lá.

FILIPPO (*gira assustado pela sala*): Já serão seis horas? (*Tropeça em Peppino.*) São seis horas? (*Inclina-se e olha o relógio no pulso de Peppino.*) Com esses relógios novos, a gente nunca sabe que horas são... E então, o que é que a gente faz?

NICOLLO: Será que o melhor é dar no pé?

FILIPPO: Como assim? Dar no pé? Por quê?

(*O ruído dos passos se aproxima.*)

NICOLLO (*engasgado de pânico*): Vamos embora! Vamos já! (*Desesperado, ele se precipita para a entrada à esquerda, de onde vem o som dos passos. Volta e se precipita para a porta da direita, mas agora o som dos passos vem da direita. Para um instante na frente da imponente porta central e vira a maçaneta. A porta se abre.*) Por aqui!

FILIPPO (*assustado*): Não, por ali!

NICOLLO (*abre a porta quase toda*): Filippo! Filippo!

FILIPPO (*precipita-se para a porta da esquerda enquanto os passos vêm da direita*): Não, por aqui, agora, rápido!

NICOLLO (*toma uma decisão súbita*): Não, não... Me ajuda, me ajuda!

(*Bruscamente se estabelece entre os dois uma cumplicidade. Juntos, eles empurram Peppino como uma mala para dentro da imponente câmara central. Ali, no meio do ambiente, vê-se um segundo cadáver. É outro homem vestido com uma fantasia alugada, estendido no chão, com a cabeça em cima de uma velha mala cheíssima. Filippo abre a boca para dizer alguma coisa apontando o corpo mas interrompe o gesto enquanto Nicollo o tira dali. Os dois abandonam Peppino ao lado do segundo cadáver, com a mala debaixo da cabeça, e fecham a porta.*)

FILIPPO: Acabou, é o fim... Vem, vem...

(*Os dois saem correndo pela porta da esquerda enquanto os passos param diante da porta da direita.*)

(*A antecâmara fica vazia por alguns segundos com balões que vagam, empurrados pela corrente de ar. Enfim, o homem que subiu decide entrar. Trata-se de um velho vestido com uma fantasia branca alugada, que arrasta uma mala imensa e cheíssima, que se parece com um estojo de acordeom. Ele deixa a caixa na entrada da sala e se arrasta até a primeira cadeira. Afunda nela, exausto, e começa a enxugar o suor do rosto.*)

Dados Internacionais de Catalogação na Publicação (CIP)
(Câmara Brasileira do Livro, SP, Brasil)

Visniec, Matéi
 A história dos ursos pandas: contada por um saxofonista que tem uma namorada em Frankfurt seguida de Um trabalhinho para velhos palhaços / Matéi Visniec; tradução Pedro Sette-Câmara. – São Paulo: É Realizações, 2012. – (Biblioteca teatral - Coleção dramaturgia)

 Título original: Petit boulot pour vieux clown; suive de L'historie des ours pandas: racontée par um saxophoniste qui a une petite amie à Francfort.
 ISBN 978-85-8033-104-2

 1. Teatro francês (Escritores romenos) I. Título. II. Título: A história dos ursos pandas. III. Série.

12 11472   CDD-842

Índices para catálogo sistemático:
1. Teatro : Literatura francesa   842

Este livro foi impresso pela Gráfica Vida & Consciência para É Realizações, em outubro de 2012. Os tipos usados são da família Sabon LT Std e Helvética Neue. O papel do miolo é alta alvura 90g, e o da capa, cartão supremo 250g.